本书是国家自然科学基金地区项目"制度逻辑、政策话语与草原治理"（项目号：71462027）的阶段性研究成果之一，并先后得到内蒙古自治区自然科学基金面上项目（项目号：2013MS1005）和内蒙古大学高层次人才引进科研启动项目的资助。

彭长桂　著

兄弟并不平等
Inequality Among Brothers

国有企业部门地位的
正当性研究
The Legitimacy of
Department Status in
China's SOEs

社 会 科 学 文 献 出 版 社
SOCIAL SCIENCES ACADEMIC PRESS (CHINA)

序一 正当性视角下的国企质化研究

当获知彭长桂博士在其博士论文基础上修改而成的《兄弟并不平等——国有企业部门地位的正当性研究》一书终于付梓的消息时，我内心感到十分欣慰与欢喜。

这部组织理论专著浸透了作者多年的精力和心血。彭长桂博士从组织内部主要单位的功能、结构和角色三个方面入手，向读者深刻而且较为全面地揭示了组织内部各个单位之间的相对关系与位置，以及来自外部的经济体制改革冲击如何引发和推动组织内部变革的演变过程。在理论框架选取上，作者以制度理论的核心概念"正当性"为参照框架，通过翔实的资料证明，国有企业内部单位的存在与变化实质上是由外部的制度正当性和内部的组织正当性两个方面交互影响的结果；这其中，外部的制度正当性起着决定性作用。

纵观近四十年的中国改革开放历程，我们不难发现：早期的改革以对国有企业简政放权为特点，设计者的初衷是试图通过对国有企业管理层下放适当的决策权，以达到提高或者改进绩效的目的。但是，随着放权让利的改革努力频频受阻，改革的焦点才逐渐转移到更广泛和更高层次的经济体制领域。由经济体制改革形成的外部制度压力是迫使国有企业调整其内部组织结构的主要动力。这是因为国有企业（尤其是央企）在制度上与国家经济权力机构的天然联系。因此，国家经济制度的些微调整都会对国有企业造成巨大而持久的影响。

作者考察了来自不同层面的正当性来源，以实地调研的材料说明，即便外部正当性构成国有企业内部改革的主要推动力，来自组织、部门、个人等不同层面因素的影响也不可小觑。总体而言，国有企业的组织变革是在外部正当性推动或者制约下，不同力量互动的综合结果。这部专著再次说明，国有企业改革一定要考虑到外部和内部两个方面的合力影响。从外部环境来看，制度改革应该积极地创造健康的市场环境，使国有企业与其他所有制企业在相同的市场条件下共同生存、竞争与发展。制度环境的完善是国有企业内部改革和内部潜力释放的先决条件。

在研究方法上，作者采用了质化研究方法，带有明显的扎根理论特征。质化研究的优势在于其对复杂关系或者多种因素的深刻观察。因此，更利于构建理论。但是，质化研究费时费力，而且从研究设计到成果发表，需要相当长的时间。最后，阐释质化研究成果需要一定的文字功底，对研究者的写作能力极具挑战性。相对于质化研究，量化研究方法更容易被掌握，数据来源更加广泛，使得研究成果更加结构化和标准化，更容易通过学术期刊严苛的同行评审。因此，越来越多的学者，特别是年轻学者，倾心于定量方法。即便国际顶级学术刊物近年来大声疾呼，期望见到更多优秀的质化研究成果，但是响应者并不踊跃。究其原因，除了定量分析似乎看上去"更科学"的认识论潜意识之外，还有审稿和发表论文的考虑。在当下质化研究学者日益见少的大环境下，很多时候找到合适的评审都困难。更何况，不同的审稿人对质化研究的要求和标准也存在一些差异。因此，很多管理学者（甚至我本人）都不建议处于评职称压力下的年轻学者选择质化研究为主要研究方法。在如此环境下，作者仍然坚持质化研究，实在难能可贵。不过，这部专著再一次向读者证明了质化研究的强大：不仅内容丰富，而且展示了作者将组织现象进一步做概念提炼和理论化的逻辑推理过程，给予读者含义丰富的灵感和启示。

彭长桂博士是通过他的博士生导师、北京科技大学高俊山教授的推荐与我相识的。我与高教授的友谊起源于1991年共同参加的"中英企业决策比较项目"。十多年后，我有幸与高教授一起指导彭长桂博士的研究。彭博士阅读速度快，涉猎极广，与我的性格有很多相似之处。因此，正如作者在后记提到的，我们之间形成了"亦师亦友"的关系，双方的合作也扩展到管理研究的新领域——组织话语分析，并且取得了一些进展。这倒是当年我参与指导彭长桂博士的研究时，意想不到的额外收获。

我在此期望这部专著不仅为读者深刻观察国有企业组织变革提供有益的资料和理论化灵感，也期望本书作者彭长桂博士在研究领域不断进步，取得更大的成绩。

吕　源

汕头大学商学院院长、特聘教授

2016 年 4 月 5 日于汕头大学

序二　当学术被赋予热情

　　彭长桂老师邀我为他的专著《兄弟并不平等——国有企业部门地位的正当性研究》作序，我欣然答应了，原因不是因为我谙熟正当性理论和案例研究，而是被他的学术热情所感动。当学术被赋予热情，而谋生属性弱化的时候，研究便成为一种美好的精神享受，甚至奢侈性消费。我想通过写序了解彭老师如何采用正当性理论分析国有企业的内部变迁，解释组织现象，去感受他独特的研究过程。

　　国有企业改革一直是我国改革议程上的焦点话题。目前的国企研究大多是从国有企业与政府或社会之间的关系入手，从规范研究的角度回答"应该怎样"的问题，尝试为国有企业改革提供宏观的指导性解决方案。《兄弟并不平等》一书则为我们提供了另一个新颖的认识视角，它从描述和解释研究的角度回答"究竟是怎样？""为什么会是这样？"的问题，通过描述和分析国有企业改革中微观的、历史的症结所在，剖析了国有企业内部的微观制度生态。

　　通过对不同正当性理论的整合，这部著作不但拓展了我们对组织正当性的认识，而且加深了我们对国有企业内部制度变迁的理解。然而，最引人深思的是该书深入剖析了一个普遍存在但又缺乏理解的组织现象——"兄弟并不平等"。

书中系统探讨了"兄弟并不平等现象"背后的非正式社会结构（国有企业部门地位结构）的历史形成过程，每个部门地位的正当性来源，以及部门地位结构对国有企业运营效率的影响机制。通过对这一国有企业内部微观组织现象的措述和解释，这部著作充分揭示了中国社会从地位到契约的转型复杂性。

正如作者所说，这项研究还可以在很多方面继续深化。例如，在选取案例企业时可以分规模、分行业，还可以把国有企业分为中央国有企业和地方国有企业，以及对不同国有企业所在行业的市场化程度进行分类分析。通过增加分析维度，可以进一步深化对国有企业部门地位正当性的研究。我们将拭目以待，期待作者更多论著的发表和出版。

杜凤莲

内蒙古大学经济管理学院院长、教授

2016 年 1 月 24 日

目　录

引　言

所有组织里都存在这样的现象：在结构图上属于平级关系的部门之间的地位实际上并不平等。这种不平等有着很多方面的实际表现，比如参与高层会议或组织决策的机会、财务费用等办公资源的分配、员工待遇的分化、人员晋升和发展的空间、组织成员的尊重和尊敬等。借用美国著名人类学家鲁比·沃森（华如璧）的形象说法，这种现象可以称之为组织中的"兄弟并不平等"（Watson，1985）。但是，即使在意识到组织内部的部门地位存在差异的情况下，我们一般也很少将这种现象作为研究对象，也很少追问：为什么存在这样的地位差异？这些差异是如何随着时间的推移而被继续保持或被改变的？这种组织内部的"兄弟并不平等"对绩效有什么影响？

对于中国这种转型经济国家来说，回答这些问题更为重要（Walder，1996）。因为在转型背景下，几乎所有已经存在的组织，比如国有企业、政府机构等，都处于一种体制变革和转型的过程之中，其内部结构调整和变化的深度与广度非常惊人。那么，组织内部的"兄弟并不平等"是否会影响组织转型的成败呢？

与制度环境稳定的西方相比，不论是转型的节奏，还是转型的原因，转型经济的制度变迁都有着本质上的不同（Nee, 1989; Newman, 2000; Peng, 2003）。自 1978 年以来，国有企业改革始终处于中国社会的变革中心，经济、政治和社会体制的转型推动了国有企业管理体制的改变。伴随着制度环境的巨大变化，国有企业的行政办公室、财务部、企业管理部、人力资源部、党委办公室等综合性职能部门的组织角色正在从传统的资源控制者向服务提供者和价值创造者转变，很多部门的功能也发生了很大的分化和重组，其专业化职能得到了一定程度的提升和强化，而一些传统的非专业功能则从企业里分离出来，比如"企业办社会"。

经过 30 多年复杂多样的改革开放，原来计划经济体制下作为政府经济职能执行者的国有企业逐渐变成社会主义市场经济中的活动主体（韩岫岚，2002；张军，2008）。在这个变化过程中，国有企业职能部门的设置及其职能也相应地经历了不断的改造和重组，包括部门名称。比如以前的劳资科，先是改名为人事部，再改为人力资源部（中心）。同样的职能部门在不同企业里发挥的作用也不一样：在一些企业里人力资源部能够参与企业关键性战略决策，在另一些企业里则只是履行办理手续、档案管理等事务性工作职责；在一些企业里办公室参与经营性重大活动，在另一些企业里则只是打杂的小角色。

研究表明，以部门为研究对象来考察组织内部的制度变迁是一个重要的理论视角（Lawrence, Lorsch, 1967; Hickson et al., 1971; Hinnings et al., 1974; Salancik & Pfeffer, 1977; Pfeffer & Salancik, 1978; Boeker, 1989）。然而，这些研究都是以研发、生产、营销等直线部门为考察对象的，对职能部门的考察一直较少。甚至，我们对于职能部门的了解一直处于组织管理前驱——法约尔提供的认识水平。为了保证组织内部指挥权的统一，法约尔早在 1916 年就提出了以"直线职能制"的方式来确保职能部门发挥参谋作用的主张，职能部门是一种协助和支持，是一种领导能力的扩展（Fayol，1984）。与直线部门相比，职能部门在价值链上履行辅助支持性功能（Porter，1998）。从新制度主义理论来看，这种职能部门正式组织的观点是一种典型的现代制度神话，这种神话的缺陷在于忽略了正式结构背后实际运行的社会结构，遗漏了组织里规范结构与行为秩序的分离（Meyer & Rowan，1977；DiMaggio & Powell，1983；Scott，1998）。

根据新制度主义学派的观点，任何部门都遵循两个原则——技术性的效率原则和仪式性的制度适应原则（Meyer & Rowan，1977；Meyer & Scott，1983；Powell & DiMaggio，1991；周雪光，2003）。根据技术性和仪式性的强弱，所有部门构成了一个双向连续体（见图 0 - 1）。

图 0 - 1　部门连续体

在这个连续体中，靠近左端的是那些技术性较强的部门，一般为研发、生产、销售等直线部门，其生存能力主要取决于部门完成任务目标的技术性效率。而靠近右端的是那些技术性较弱的部门，一般为行政、人力资源、财务等职能部门，更强调与制度环境之间的依存关系，部门活动有着典型的仪式性，其生存能力更多取决于部门与制度安排的同构性以及制度安排本身的适应能力。因此，国有企业职能部门面临着效率和制度的双重压力，既要面对自身职能管理的效率压力，又要满足外部环境的制度性约束。

为了清楚了解国有企业的职能部门情况，尤其是认识它们在制度转型中地位的变化过程，需要回答这样一些研究问题：在国有企业内部，各职能部门地位如何演化？在复杂多变的经济体制变革过程中，哪些因素会影响国有企业内部职能部门的地位？国有企业职能部门地位呈现出哪些主要特征？各职能部门的地位如何影响其工作绩效？

本书采用新制度主义理论中的正当性这一回溯性理论视角来分析部门地位的历史形成和演化、正当性来源以及部门地位的特征和影响，进而探讨部门地位对其绩效的影响机制，从"发生的进路"采取整合式繁衍的理论策略来考察国有企业中的部门地位现象（Simmons，1999；Wagner & Berger，1985）。在具体研究过程中，对不同正当性理论进行整合，以此来完成对部门地位现象的系统性理论解释。

作为组织分析的主流理论视角之一，新制度主义理论对组织与社会环境之间关系的分析和解释是非常有力的，也适合处理中国社会的组织和制度转型的问题（Oberschall，1996）。但是由于新制度主义理论重点关注社会环境对组织的影响，对组织内部以及组织子系统的关注不够。因此，有必要结合其他理论来解释企业内部微观层面的组织现象。本书还借助了权威理论、地位特征理论和战略权变理论等来进行深入分析。这三个理论均从组织内部视角出发，与以外部视角为主的新制度主义理论形成较好的互补关系，弥补单一理论视角的不足，从而提高了正当性理论对部门地位现象的解释力度。

书中考察的 8 家国有企业的成立时间分属于计划经济和市场经济时期不等，经历了现代公司化改造，但是国有产权占主导地位。通过正当性视角下对组织中的"兄弟并不平等"现象进行案例分析，探索国有企业内部职能部门地位的演化机制、正当性来源以及部门地位的特征和影响。简而言之，本书以部门地位为对象，以新制度主义理论为主，辅以其他三个正当性理论来重新思考组织演变以及内部结构的调整和变化。通过对部门地位的考察，可以认识企业内部微观层面的社会结构和制度体系，并了解什么因素在促进、维持或阻碍组织内部秩序的形成和变化。研究成果可以为企业管理者提供一个新的认知视角，改善组织设计和资源分配的质量，提升职能部门的有效性。

本书共分为七个部分，包括引言、理论回顾与文献述评、案例研究方案、三个核心案例研究、结论与展望等内容。

首先是引言，对研究所处的背景、研究对象、研究问题及理论策略进行了简单介绍。

第一章主要是理论回顾和文献述评，为研究确定一个理论起点。通过理论回顾和文献述评指出，当代组织研究领域主要有新制度主义理论、权威理论和地位特征理论三个正当性理论，但是已有研究尚未对其进行系统的梳理和整合，而且对于微观层面的制度变迁研究较少。学者们已经研究了个体水平的地位形成过程和组织水平的地位演化与竞争，对研发、营销和生产等直线部门的地位变化以及部门地位对组织绩效的影响进行了研究，但是对企业综合性职能部门地位的研究较少。最后，目前国有企业组织研究主要有政府与国有企业的关系、国有企业的制度变迁、国有企业组织结构的变化三个方面，但是对国有企业内部各部门功能和演化的研究较少。因此，对国有企业职能部门地位进行深入研究在理论上和实践上均有重要的意义，将能够丰富组织研究的内容。

第二章介绍了研究方案与研究过程，这部分主要是关于研究设计和研究过程的内容。首先陈述了研究目标、研究问题、研究思路和研究内容，其次介绍了所采用的探索性案例研究方案，然后是具体的研究过程，包括案例企业概况、数据收集和分析、理论建构与验证。

第三章至第五章是三个核心案例研究，也是对三个实证问题的回答。第三章以一家成立于1958年的科研企业为个案分析了国有企业职能部门地位的演化情况。第四章通过多案例研究探讨了国有企业职能部门地位的多重正当性来源。第五章先通过双案例研究分析了国有企业职能部门的弥散地位特征和特定地位特征，然后考察了部门地位、绩效期望与工作绩效之间的关系。

第六章对组织中的"兄弟并不平等"现象进行了理论解释，在此基础上进行了国有企业部门地位背后的政策性思考，然后对本书的研究进行了反思。

第一章　组织正当性与部门地位

一　正当性与组织研究

在本质上，正当性（Legitimacy）[①] 是一种社会控制机制（Parsons，1951）。因为它是"在一些规范、价值、信念和定义的社会建构系统内某个实体的行动是理想的、正确的或适当的一般认知或假设"（Suchman，1995：574）。作为西方文明的知识历史中最古老的问题之一，它有着漫长的研究历史

[①]　在国内学术界，Legitimacy 经常被译为合法性。但是，这个译法不太恰当，译成"正当性"更合适。理由如下：第一，合法性有其对应的英文概念 legality，是一个法律实证主义的概念，以符合实定法的规范原则为标准（也就是合法性中的那个"法"）。相对应的是，Legitimacy 自人类历史上第一次提出开始，就是一个哲学概念，来源于自然法传统，一般是为法律、法治、规则及等级秩序寻求道德论证（Simmons，1999；周濂，2008）。第二，本书沿用的是 Suchman（1995）对 Legitimacy 的经典定义，也是目前组织研究领域最为普遍接受同时也是引用最多的定义。对照其英文定义（Legitimacy is a generalized perception or assumption that the actions of an entity are desirable, proper, or appropriate within some socially constructed system of norms, values, beliefs, and definitions.），还是"正当性"的译法更符合 Legitimacy 的全部涵义。合法性只能涵盖 Suchman 定义的一部分，即实效正当性，但是缺失道德正当性和认知正当性，而这两者正是 Legitimacy 概念的精华所在。第三，在现代社会中，正当性主要通过合法性来体现，但不应该让正当性自身丧失立足之地。换言之，合法性虽然是正当性的重要形式，但既不能把合法性混同于正当性，也不能用合法性代替正当性。此种混同或代替的危害在于：离开正当性的合法性就可能成为单纯的支配工具，而离开合法性的正当性也是空中楼阁（刘毅，2007）。

（见附录 A）。当代正当性思想大多起源于韦伯的理论（We-ber，1978；Zelditch，2001），"正当性"已经成为制度研究甚至组织研究最核心的概念（Colyvas & Powell，2006；Tost，2011）。最初，正当性概念主要用于评价组织目标（Parsons，1956），后来评价范围扩大到对官员、特定功能、治理系统、组织关系、目的、目标、价值观、惯例、规则等组织的所有方面（Scott，2001）。

（一）当代组织领域的正当性理论

表 1-1 简单比较了组织领域的四种正当性理论——新制度主义理论、权威理论、地位特征理论和战略权变理论。前三者来自组织领域的韦伯传统，而战略权变理论则以效率为正当性来源。下面，将分别对它们关于正当性的讨论进行简要介绍。

表 1-1 组织正当性理论的比较

正当性理论	核心问题	正当性来源	分析水平	研究变量
新制度主义理论	一致性	制度基础要素	社会、组织	组织生存
权威理论	有效性	授权和认可	群体、个体	权威结构的动力
地位特征理论	适当性	绩效期望	群体、个体	屈服于别人影响的概率
战略权变理论	一致性	战略权变	组织、群体	战略权变、权力/影响力

来源：根据 Scott（1995）、Meyer & Rowan（1977）、Suchman（1995）、Dornbusch & Scott（1975）、Zelditch & Walker（1984）、Ridgeway & Berger（1986）、Berger 等（1998）、Hickson 等（1971）、Hinings 等（1974）的理论总结。

1. 新制度主义理论

新制度主义理论认为，组织面对两种不同的环境：技术环境和制度环境；这两种环境对组织的要求是不一样的，技术环境要求组织服从效率机制，而制度环境要求组织服从正当性机制。在技术环境中，产品或技术进行交换，组织从工作过程的高效率和有效控制中获益，技术环境在效率和效果上对组织形成评价和控制的压力。在制度环境中，制度环境迫使组织跟主流观念保持一致，也就是说制度环境对组织形成了正当性压力（Meyer & Rowan，1977；Meyer & Scott，1983；Powell & DiMaggio，1991；周雪光，2003）。新制度主义理论认为，组织行动的动力来自组织外部，环境不仅是组织必须适应的变迁来源，而且是组织决策的社会背景（Scott，2008）。新制度主义理论突出了社会和文化环境在正当性解释中的重要性（Scott，1995）。

　　新制度主义理论认为，在同一正当性环境中，强制、规范和模仿三个同构性机制会导致组织之间的"同质化"现象。其中，强制性同构根源于政治控制和正当性追求，政府一般都会迫使组织遵守它制定的法律、法令，否则就予以惩罚；规范性同构根源于专业主义，这就是主流观念、传统等社会规范对组织的影响；模仿性同构根源于对不确定性的反应，各个组织都会模仿同行的优秀行为和成功做法（DiMaggio & Powell，1983）。因此，组织经常会象征性地采用一些主流社会认同或推崇的管理实践来提高生存机会，比如设立一些符合政府要求的部门或岗位。同构性会让组织获得积极的社会评价，从而促进组织生存和发展（Deephouse & Suchman，2008；Scott，2008）。

　　新制度主义理论还认为，制度逻辑为各种理性神话提供了基础。制度逻辑是指构成某领域内追求目标"组织原则"的认知框架和基本假设（Friedland & Alford，1991）。这些制度逻辑经常相互矛盾，为各种社会冲突提供了背景。例如，法律逻辑和科学技术逻辑分别为美国司法部不同人群相互冲突的选择行为提供了正当性来源（Stryker，1994）。团队工作代表了一种民主逻辑，但它跟正式组织的科层逻辑是相矛盾的，这种矛盾不仅影响团队的日常工作，而且影响团队的绩效评价（Troyer，2004）。

2. 权威理论

在权威理论中，正当性来自在组织边界内维持权威结构稳定性的力量（Dornbusch & Scott，1975；Zelditch & Walker，1984，2003；Walker & Zelditch，1993）。权威理论学者认为存在两个水平的正当性：群体水平的有效性和个体水平的适当性。适当性是指对一项行动的信念（或行为的规则和规范）是否如意、正确和适当的个体判断。有效性指个人关于自己是否有义务服从那些不一定赞同的规范信念的判断。如果组织里的规范、价值、信念、活动和程序明显地支配行动者的行为，它们就是有效的（Blau，1963；Dornbusch & Scott，1975）。当在某个权威（以及权威结构）作为一个集体信念时，秩序就得到了极大的推动。当某个秩序有效时，人们不会质疑权威，而是顺从权威。因此，权威的正当性本质上是一个集体过程，而不是一个私下个体认可的问题，任何个人、行动、职位或职位结构的权威都依赖于别人的合作（Zelditch & Walker，1984；Walker & Zelditch，1993）。

权威的正当性来自两个层次的支持：上级的授权和平级跟下属的认可。当支持来自占据组织较高位置的个体时授权就会发生，而当支持来自平级或下级职位的个体时认可就会发生。授权和认可是对权威或规则的集体支持（Dornbusch & Scott，1975）。

3. 地位特征理论

地位特征理论的核心思想是讨论组织内部的地位层级如何发展和稳定，考察在任务群体中的弥散地位特征和特定地位特征如何组织起来发生作用（Berger et al.，1972，1977，1980）。弥散地位特征（Diffuse status characteristics）是在广泛范围里持有的地位特征，比如性别、种族、年龄和身体魅力等，反映了长期而持久的社会制度因素的影响，而特定地位特征（Specific status characteristics）则局限于某个具体的情况或任务，比如体育比赛中的竞技能力，直接反映了具体任务因素的影响（Berger et al.，1972；Ridgeway & Berger，1986；Berger et al.，1998）。

在具体的社会或任务情境中，具有不同地位特征表现的行动者会得到不同的评价，从而产生相应的绩效期望。当某个地位特征被激活时，与之相关的社会性参考信念就会给具体的行动者或者位置赋予明确的绩效期望。当绩效期望与最初地位结构一致时，就会出现进一步促进现有地位结构的正当化过程。反之，当绩效期望与最初地位结构不一致或不相关时，就会引发现有地位结构的去正当化过程（Ridgeway & Berger，1986；Berger et al.，1998）。

4. 战略权变理论

在组织研究中，权力研究通常聚焦于个人，而忽略了部门的权力（Perrow，1970）。组织内部门权力的战略权变理论假定组织是一个由相互依赖的亚单元构成的系统，对不确定性、工作流程中心性（包括即时性和普遍性）和不可替代性的处理共同构成了战略权变。与组织战略权变之间的距离越近，相关部门就会拥有更大的权威或正当性，从而趋向拥有更高的地位，并且部门间的地位关系随着战略权变的变化而改变（Hickson et al. , 1971；Hinings, Hickson & Schneck, 1974；Salancik & Pfeffer, 1977）。

（二）正当化过程与正当性来源

在组织研究中，一些学者则将正当性定义为权威、规则、秩序、信念等被个体接受、服从和支持的集体性社会过程，重点考察正当化（以及去正当化）如何发生（Berger et al. , 1998；Stryker, 2000；Kelman, 2001；Johnson et al. , 2006）。另一些学者将正当性定义为"对组织的文化支持程度"，把正当性看作一种状态，重点关注正当性的来源和结果（Meyer & Scott, 1983；Zelditch, 2004）。

1. 制度变迁与正当化过程

表 1 - 2　组织领域的主要制度变迁研究

变迁动力	变迁路径	分析水平	参考文献
相对价格的根本性变化	路径依赖	社会	North（1990）
回报递增	规制过程	社会	Scott（1995）
承诺递增	规范过程		
客观化	文化—认知过程		
制度冲突		社会	Seo & Creed（2002），Creed et al.（2010）
破坏性事件	同构性过程	组织域	Hoffman（1999）
资源不足、正当性	适应性	组织	Sherer & Lee（2002）
历史遗产、正向联盟积累、负向联盟积累	马太效应	组织	Washington & Zajac（2005）
组织政治动力		组织	Kim et al.（2007）

制度变迁一直是组织研究的重点话题，不同学者对于制度变迁的动力和路径给出了自己的解释（见表 1 - 2）。

制度经济学学者认为制度变迁的动力来自相对价格的根本性变化（Nortth，1990），组织分析的新制度主义理论则主要关注文化认知等制度压力的影响（Scott，1995；Hoffman，1999；Sherer & Lee，2002；Washington & Zajac，2005）。这些研究探讨了具体的制度变迁路径：路径依赖（North，1990），规制过程、规范过程和文化—认知过程（Scott，1995），同构性过程（Hoffman，1999），适应性机制（Sherer & Lee，2002）和马太效应（Washington & Zajac，2005）。其实这些路径可以归纳为两种机制：物质利益上的路径依赖和文化制度上的同构性。

从本质上说，制度变迁就是一个正当性变化引起的过程和结果（Weber，1978；Scott，1995；Hoffman，1999）。韦伯把人类理性分为工具理性和价值理性。前者属于选择领域，人们根据利益原则来判断或接受权威机构的影响力。相反，后者属于义务领域，人们觉得自己有着道德上的义务服从权威机构提出的要求（Weber，1978）。正当化涉及某个行动、政策、系统、群体、组织的重新分类过程，比如以前不正当的现在变成正当的，或者以前是选择现在变成义务。简而言之，正当化就是使得接受成为道德上的义务。另一方面，去正当化涉及重新分类的相反过程，以前正当的现在变成不正当的，或者以前是义务现在变成选择，因而去正当化就是取消了道德义务（Berger et al.，1998；Kelman，2001）。因此，正当化或去正当化是一个调整社会行动者与社会结构之间关系的社会过程（Berger et al.，1998）。在社会行动中，正当化过程和去正当化过程共同推动制度变迁。

2. 组织正当性来源

表 1-3 展示了组织领域主要文献对正当性来源的研究。以外部视角为主的新制度主义理论主要从组织与外部环境之间的关系来探讨组织正当性，认为组织正当性主要来自组织与外部环境在组织形式和组织行为上的同构性。因此，他们一般都是采用区分构成成分的策略探讨组织正当性的来源，从外部视角探讨具体的正当性类型。

表 1-3　现有文献的组织正当性来源

理论视角	正当性类型	正当性来源	分析水平	参考文献
新制度主义理论	管制正当性	法律制裁	社会、组织	Scott (1995)
	规范正当性	道德支持		
	文化—认知正当性	理解和认可的文化支持		
	实效正当性	自我利益计算	组织	Suchman (1995)
	道德正当性	规范认可		
	认知正当性	理所当然		
	管理正当性	效率逻辑	组织	Ruef & Scott (1998)
	技术正当性	技术、品质和资格		
	文化正当性	文化观念的支持	组织	Archibald (2004)
	社会政治正当性	现有规范和法律		
权威理论	上级授权	正式规则的批准	群体	Dornbusch & Scott (1975)
	下属或平级的认可	非正式评价		

续表

理论视角	正当性类型	正当性基础	分析水平	参考文献
战略权变理论	战略权变	组织业务需要	群体	Hickson et al. (1971)

与新制度主义理论的外部视角不同，权威理论和战略权变理论则从组织内部视角来考察组织正当性来源。权威理论从组织内部寻找维持权威结构稳定性的力量，认为其主要来自组织内部两个层次的支持：上级的授权和下属的认可。战略权变理论认为各个部门的正当性来源于它与组织战略权变的关系。

二 组织领域的地位研究

由于经济学概念和分析工具的强大影响力，管理学者一般把企业看作一个经济实体，而忘记了企业同时还是一个受制于社会条件又影响社会发展的社会实体（周雪光，1986）。显然，对组织现象的社会基础进行考察是一个有效的理论视角，社会嵌入性、网络连带等社会学概念的引进极大地拓展了人们对组织的理解（Granovetter，1985；Baker，1990）。因此，社会学的地位概念能够为我们理解组织内部结构及其变迁提供了一个人类恒久而基本的观察视角。

（一）地位及部门地位

韦伯把地位（Status）[1] 看作"一种根据积极或消极特权

---

[1] 在组织研究领域，经常存在混淆"地位"和"声誉"的情况。Washington 和 Zajac（2005）认为，这两个概念之间有着微妙但重要的差异：地位（Status）是一个社会学概念，用来把握社会等级中的差异，而社会等级产生特权或歧视；声誉（Repution）是一个经济学概念，用来把握认知的或实际的品质或专长中的差异，而品质或专长产生对过去努力或绩效的报酬。

在社会尊重上的有效判断"（Weber，1978：305）。他认为，地位是一种可能独立于经济前提而存在的社会结构的职位或关系因素，建立在生活方式、正式的教育方式、出身威望或职业威望的现实基础上，其结果的最好描述可能是特权，而不是长处或基于成就的报酬（Weber，1978）。在韦伯的社会学著作中，地位的概念展现出一幅位置的等级图景，个体的等级位置会影响其他人对他的期待和行动，从而决定他面临的机会和约束条件（Podolny，2005）。

韦伯指出，地位差别是社会运转的主轴，社会关系中的不平等则围绕它组织起来，从而形成社会秩序。地位是一种建立在社会尊重差异基础上的不平等形式，而社会尊重又产生影响力。韦伯强调，地位可以理解为不同社会群体之间的评估性排序，一个群体（比如专业群体）比另一个群体（劳工阶级）重要，获得更多尊敬。地位也可以看作个体间的评估性层级，一个人比另一个人得到更多尊敬、顺从和影响（Weber，1978）。因此，地位是个体、群体、组织在社会系统中具有社会建构性的、主观意见一致接受的排序或等级（Washington & Zajac，2005）。

在企业里，部门地位代表一个具体部门以其他部门为参照对象的相对位置或等级，一般与其在组织等级中的位置相关。因此，部门地位可以理解为在组织系统中由某个部门所占据的身份性位置（Blau & Scott，1962；Cohen & Zhou，1991；Hambrick & Cannella，1993；Kahn，2005）。在组织里，部门地位有着许多明显体现：获取和使用资金、信息等重要资源上的差异；参与关键活动；被其他部门尊重。研究表明，虽然不是很直接，但所有公司倾向在其部门中有一个等级或地位排序：在组织里，一个或几个部门被给予更高的地位。工资结构、功能分工、资源分配等方面的变化都会改变部门的相对地位（Blau & Scott, 1962）。因此，部门地位既是一个社会文化问题，也是一个结构问题（Bond et al. , 2004）。

（二）　组织中的地位研究

通常认为，组织领域的地位研究主要从个体、群体和组织三个水平入手。

1. 个体水平的地位形成过程研究

Cohen 和 Zhou（1991）从地位特征理论出发考察了团队、组织和社会的地位特征对长期工作群体的互动模式的影响。研究识别了五个外部地位特征（性别、教育、公司地位、领导者、资历）和两个内部地位特征（团队地位和专家地位）。结果显示，建立在地位特征理论基础上的假设得到支持：外部（组织和社会）和内部（团队）地位特征影响团队互动。当团队地位被控制时，仅有一个外部特征（领导者）对互动水平有显著影响。团队地位又受到每个外部特征的显著影响，外部地位直接影响团队地位，从而通过团队地位影响互动，形成长期工作团队内部的地位。

Lucas（2003）运用新制度主义理论和地位特征理论研究了女性领导者的领导力。研究发现，与那些仅仅依赖能力的女性相比，那些在能力基础上达到制度性结构中领导位置的女性更有影响力，她们对于成员拥有跟男性领导者一样多的影响，这会有利于女性领导地位的形成和巩固。

Bunderson（2003）考察了群体成员地位特征作为任务技能标志的主要作用。研究结果显示，特定地位特征在分散而长期的群体中能够较好地预测技能，而弥散地位特征则在集中而短期的群体中能够较好地预测技能，两种地位特征推动群体成员在不同时期的地位形成。

2. 群体水平的影响研究

部分学者考察部门地位的影响因素。Boeker（1989）考察了 1958～1985 年美国半导体行业中的组织创建事件对研发、制造和营销三个部门的地位演化的影响。部门地位不仅反映了当前条件的影响，而且反映了早期事件的痕迹，包括组织创建。组织创建时外部环境和企业家个人背景对部门地位具有明显的影响。创始时建立的影响模式具有一定程度的持久性，但视组织业绩、组织年龄和企业家任期而定。Verhoef 和 Leeflang（2009）考察了市场部在企业内部的影响力，评估其决定因素和后果。研究结果显示，市场部门的可说明性和创造性代表了其影响力的两个主要引擎。市场部的影响力跟公司的市场导向正相关，而市场导向又跟公司绩效呈现正相关关系。

部门地位与组织绩效之间的关系是这一领域的另一条研究主线。一些研究考察了直线部门的地位安排对绩效的影响（Cooper，1985；Lawrence & Lorsch，1986；Souder，1988）。在此基础上，Kahn（2005）运用来自 668 名营销经理、制造经理和研发经理的跨行业数据研究了部门地位和部门间协作对产品发展绩效的直接和间接影响。研究发现，部门地位对产品发展绩效和产品管理绩效有着显著的间接影响。结果进一步显示，在营销、制造和研发三个部门之间的平等地位与部门间合作的更高水平相关，而部门间合作的更高水平又证明了更高水平绩效的收益。因此，部门间合作是部门地位和绩效之间的一个中介变量。

3. 组织水平的地位演化研究

在分析导致组织地位差异的制度因素和组织因素基础

上，Washington 和 Zajac（2005）提出了组织地位的三种演化机制：历史遗产、正向联盟积累和负向联盟积累。第一个机制是历史遗产。地位通过历史遗产的方式演化，表现出明显的"马太效应"。第二个机制是正向联盟积累。组织地位可能随着时间来通过正向联盟积累演化。地位传播过程不仅适用于合作关系，也适用于竞争关系；对于目标组织来说，选择与高地位组织合作或竞争的行动是一种正向联盟。第三个机制是负向联盟积累。地位可能随着时间而消失，也会通过负向联盟积累演化。目标组织将会由于与低地位组织竞争导致地位损失，并且这跟低地位组织的竞争成功与否无关。

Bothner 等（2009）认为，组织水平的地位竞争具有两种模式，一是"马太效应"，培育了高地位者的"赢家通吃"，比较适合精英竞赛；二是"马克效应"，强调资源平均分配，比较适合社会福利机构。Huang（2006）从动态视角提出了地位结构，考察了地位结构的形成，研究结果显示地位结构与组织生存机会之间具有曲线关系。具体来说，地位结构的最初出现倾向增加组织生存机会，然而地位结构的进一步发展又将会威胁组织生存。

三　国有企业及其组织研究

（一）国有企业改革及其竞争环境

1978 年改革开放以来，中国经济取得了举世瞩目的成就。伴随国有企业的改革，外国直接投资大量增加，私营企业也在蓬勃发展，形成了三足鼎立的局面，这就构成了国有企业的竞争环境（Gallagher，2005）。

1. 国有企业改革

国有企业改革始终是中国整个经济体制改革的中心任务之一。经济改革的主要目标是减少中央和地方政府对企业的行政干预，使企业在市场经济中健康发展（Lu，1996；章迪诚，2006；赵炜，2010）。

国有企业改革开始于20世纪70年代末期，大约经历了三个阶段。在第一阶段（1979 - 1986年），针对计划经济体制下政企不分等弊端，国有企业的改革措施是"放权让利"：所谓"放权"，就是主要政府部门向所管企业下放部分权力，扩大企业自主权；所谓"让利"，就是提高企业利润保留比例，以扩大企业自主支配的财力，增强企业的动力。主要集中于两个方面：一是以计划经济为主，同时充分重视市场调节的辅助作用，调整和规范国有企业与政府间的利益关系，重点是"利改税"和"拨改贷"，目的是硬化预算约束，增强企业动力；二是扩大企业自主权，并且把企业经营好坏与职工的物质利益挂钩，着眼于调动企业和职工的积极性和主动性。1979年7月国务院颁布了《关于扩大国营工业企业经营管理自主权的若干规定》，1984年5月国务院颁布了《关于进一步扩大国营工业企业自主权的暂行规定》，1985年又补充了继续扩大自主权的内容。通过扩大企业自主权的改革，企业有了一定的生产自主权，开始成为独立的利益主体，企业和职工的积极性都有所提高，并打开了传统计划经济体制的缺口。但是，这个阶段的改革并不彻底，计划经济的影响依然严重存在。从这个阶段起，追求利润最大化逐渐成为国有企业生产和经营的最重要目标。

在第二阶段（1987 ~ 1992年），改革的主要目标是实现政企分开以及所有权和经营权相分离。党的十二届三中全会提出发展社会主义有计划的商品经济，确立了国有企业下一步改革的目标："要使企业真正成为相对独立的经济实体，成为自主经营、自负盈亏的社会主义商品生产者和经营者，具有自我改造和自我发展能力，成为具有一定权利和义务的法人。"改革的主要措施是实行厂长（经理）责任制，并在大多数国有企业实行承包经营责任制；从 1987 年到 1991 年经历了两轮承包，98% 的国有大中型工业企业都采取了不同程度的承包经营责任制；并在少数有条件的全民所有制大中型企业中开始股份制改造和企业集团化的改革试点。从扩大经营自主权到经营承包制的改革，使企业开始有一定的活力，开始有了一定程度的市场意识。

在第三阶段（1993 年至今），企业与市场的关系更加明确，国有企业的改革从政策调整阶段进入制度创新阶段。1992 年 10 月，中共十四大明确指出，中国经济体制改革的目标是建立社会主义市场经济体制，并要求围绕社会主义市场经济体制的建立加快经济改革步伐。1993 年 11 月，党的十四届三中全会通过了《中共中央关于建立社会主义市场经济体制若干问题的决定》，第一次明确提出国有企业改革的方向是建立"适应市场经济和社会化大生产要求的产权清晰、权责明确、政企分开、管理科学"的现代企业制度，要求通过建立现代企业制度，使企业成为自主经营、自负盈亏、自我发展、自我约束的法人实体和市场竞争主体。现代企业制度这一西方概念的采用和流行，标志着中国国有企业内部越来越多地渗入了西方现代管理和制度概念。

1996 年第八届全国人民代表大会提出了"抓大放小"的新思路，调整国有企业分布结构，对国有企业实施战略性重组。通过采取改组、联合、兼并、租赁、承包经营和股份合作制、出售等形式，加快放开搞活国有小型企业的步伐，集聚力量塑造具有国际竞争力的大企业集团。经过这一阶段的改革，国有企业战线明显收缩，产业结构得到优化。2003 年国有资产监督管理委员会正式成立，代表国家履行国有资产出资人的监督管理职责，对中央直属企业进行了大面积重组，加快推进产权制度改革。

2. 来自外资企业和私营企业的竞争

自对外开放政策推行以来，吸引外资一直是中国改革开放的重要组成部分。截止到 2006 年底，外资直接在中国的投资项目累计达到 594427 个，合同外资金额为 14858.48 亿美元，实际投资金额为 6918.97 亿美元（张军等，2008）。产品、技术、品牌、管理等方面的优势，以及政府的优惠政策，造成了国有企业与外资企业之间的"不平等竞争"，因而给国有企业造成了持续而强大的竞争压力，同时也在管理上具有一定的示范效应。尤其是在消费者和优秀人才的争夺上，国有企业往往落于下风，外资企业以契约和自主为核心的市场化雇佣逻辑在相当程度上击败了国有企业有保障的身份制就业模式（Maurer-Fazio，1995；Dong & Putterman，2002）。

另外，私营经济重返中国国民经济舞台。在相关政策鼓励下，从 20 世纪 90 年代初起，私营企业的发展速度惊人，在国民经济中发挥着越来越重要的作用。私营企业的纳税总额从 1992 年的 203 亿元上升到 2006 年的 4689.9 亿元，所占全国税收比例由 7.8% 上升到 12.5%（张军等，2008；赵炜，2010）。虽然私营企业的规模依然很小，但是在稀缺资源、市场份额等方面对国有企业形成了一定的竞争压力。

（二）国有企业组织研究

在改革开放中，国有企业变革始终是焦点，因此产生了大量有关国有企业的研究，主要有产权制度（张维迎，1995）、市场机制（林毅夫、蔡昉、李周，1997）和组织管理（路风，2000）三个不同的思路。前两个思路主要从国有企业与政府之间以及国有企业与社会之间的关系入手，主要是经济学家从规范研究的角度回答"应该怎样"的问题，尝试为国有企业改革提供宏观的指导性解决方案；而组织管理思路则是从企业内部视角来研究国有企业改革，主要是管理学家从描述和解释研究的角度回答"究竟是怎样，为什么会是这样"的问题，通过描述和分析来弄清楚国有企业改革中微观的、历史的症结所在。限于篇幅，这里仅仅回顾改革开放以来理论界对国有企业的组织管理研究。

1. 社会水平的国企组织研究

社会水平上的国有企业研究包括单位体制研究和国有企业与国家（或社会）的关系研究两个方面。首先，单位体制研究。美国学者 Walder（1986）用"制度性依附"与"制度性文化"解释中国的国营工厂制度。他认为，国营工厂的党政合一制度以及工人的依附、上下施恩回报体系、实用性的私人关系网、工人队伍的分裂与当时的政治经济体制有紧密的联系，形成了"社会主义新传统"。在这种体制下，国营工厂直接就是国家机器和政府的重要组成部分。Walder 的主要贡献在于，他揭示了改革前中国工厂制度的本质特性：控制与依附。

路风（1989，1993）分析了以国有企业为典型形式的单位的起源、内在性质、运行规则，得出了单位是中国传统政治、经济和社会体制基础的结论。李汉林（2004）认为，尽管国有企业单位体制已经发生了重大变迁，但传统的"差序格局"模式（费孝通，1998）赖以滋生的社会条件仍然存在。这种差序格局的行为方式主要体现为：在行为及行为互动过程中，每个行动者总是根据他人对自己的亲疏远近以及重要性的程度来决定自身的行为方式和行为态度，并以差序格局的方式来构造自己与他人的关系；正式组织中的差序格局表现为"本位主义"，以自己为中心向外推去，并以此来判断其亲疏远近关系，进而决定自身的组织行为，而差序格局在非正式组织中则表现为日常工作生活中形成的各种不同的"圈子"，这些"圈子"在组织中各种政治、经济和社会资源进行分配时发挥着不可低估的作用。在这些微妙的不同"圈子"的作用下，各个行动者"在权衡实现和追求自身利益最大化以后来决定团结谁、打击谁、拉拢谁和服从谁的行为方式"（李汉林，2004）。李饵金（2003）研究表明，单位制工厂和准契约化工厂的工厂政治是不同的：前者的管理还是富有人情味的、松散的管理，而后者符合李静君的全权主义模式（Lee，1999）。王修晓（2010）以一家北京的国有企业为案例研究了制度转型与组织内部权威关系的变迁，认为国有企业已经形成具有"结构性差序格局"的新型单位制。

其次，国有企业与国家（或社会）的关系研究。吕源（1996）对北京地区六家国有企业的决策过程进行了案例研究。该研究发现，1978年以后国有企业改革中放权项目的成功与否是随着决策性质而变化的，操作性质的决策比较容易放权给企业，而战略性质的决策很难放权，主要原因是涉及战略执行的资源仍然依赖于外部环境。李培林和张翼（1999）研究了国有企业的社会成本。该研究表明，国有企业为政府承担了很多职能和社会成本，导致了国有企业人员过密化和功能内卷化。

李亚雄（2006）以湖北省武汉市一家百年老厂——江厂为研究个案，从企业与国家关系的研究视角考察了新中国成立以后国有企业的制度变迁，其基本假设是国有企业的制度变迁经历了从政企合一到分离的过程；在改革开放前的政企合一阶段（国营工厂），国营工厂是国家的一部分；在改革开放后的政企分开阶段（国有企业），国有企业与国家之间的关系正在从行政隶属关系向产权关系转变，同时国有企业内部也正在重构。张笑会（2005）认为，从单位体制到现代企业制度的急剧制度变迁中，中国国有企业主要面临体制转轨、旧有体制弊端的延迟效应，以及企业成员的期望与对资源的追求三个方面的制度环境变化。

王利平和葛建华（2009）认为，随着民营经济和三资企业的大规模出现和发展，国有企业单位员工有了择业和流动的自由。社会保障和其他社会福利社会化程度逐步加深，单位组织对个人的控制日渐消解、松动和弱化，国家—单位—个人的依赖关系已经在相当程度上被弱化。然而，就组织与环境的互动来看，国有企业的单位体制和现代企业制度都受到制度环境的合法性机制制约，只是从一种合法性转变为另一种合法性。

2. 组织水平的国企组织研究

在组织水平上，国有企业研究主要有管理体制和组织结构两个方面。

首先，管理体制研究。李静君（1999）通过对广州国有企业工人的研究，揭示了改革导致工厂政体转变。她认为，国有企业由改革前的新传统主义政体向去组织化的全权主义政体转变，这种全权主义的主要特征是工厂对工人实行了强制、严格的管理方式；全权政体在车间政治层面的含义是，工人的抵制是分散的，并且具有不同特征的工人群体对管理层也有不同的谈判、抵制能力。

俞建国（1998）考察了国外国有企业多种多样的组织形态，并指出：从本质上看，国有企业只是政府行政机关和民间企业之间的一种社会组织形态，基本特征是政府社会职能和企业经营职能的对立统一。随着政府职能和民间企业及民间自组织系统的发展变化，国有企业通过不断调整其同政府和民间企业之间的关系、其自身的资产结构和产权关系，以及其不同职能的搭配方式，来适应其所在国国民经济不同发展阶段、不同经济结构以及不同经济部门的需要。

李新春（2000，2001）探讨了企业家机制在国有企业重组改造中发挥的作用。该研究表明，政府制定的国有企业领导班子选拔制度决定了被选拔企业领导人企业家素质的高低，而对企业家的激励机制和企业的产权制度安排则进一步影响企业家能力的发挥，这又在很大程度上决定了企业的绩效。由此建立了国有企业的"企业家结构—行为—绩效"模型，并且认为国有企业企业家能力发挥受到企业控制权和剩余索取权的约束。张静（2001）从职代会角度研究了国有企业的性质。她把职代会称为"行政（管制）与政治（利益传输）合一"的机制。研究证明，职代会的功能不仅有控制与动员作用，还有协调利益紧张、整合意见、传达需要、化解单位内部矛盾和冲突的作用。她认为，政行合一模式是特殊的单位体制的产物，本质上属于国家政权建设的一部分。秦志华（2003）以一家国有企业为对象，通过分析其变化过程指出，企业机制的关键在于企业控制权归属，它是利益相关者之间博弈均衡的结果。

其次，组织结构研究。平萍（2002）研究了广州市一家国有企业从工厂到企业集团的组织变迁，从"大而全"组织变成资产专用性组织的过程。研究结果表明，特定的组织形态总是与当时的社会情景交织在一起的，不能简单地压效率解释。该研究发现，国家和市场的发展程度决定了组织形态的变化趋势；其中，研究者用权力理论解释了为什么会采用内部市场机制，而效率理论中的资产专用性这一概念有助于解释为什么内部市场机制会失败。然后文章探讨了组织内部交易费用的来源这一新制度经济学中欠缺分析的问题，并认为资产专用性与组织内部交易费用具有一定关系。

丘海雄等（2008）对一家国有企业组织结构改革的逻辑进行了个案研究，与国内众多国有企业一样，这家企业从计划经济体制下集中管理的 U 形结构（直线职能制）发展到"内部市场化神话"热潮中分权的 M 形结构（也就是事业部制，又分为初步 M 形/总厂分厂制和成熟 M 形/企业集团），然后又改回到 U 形为主并辅之以 H 形（控股公司）的结构。研究表明，企业 20 多年的结构变迁，可以说是在宏观制度环境下企业追求组织效率的产物；国有企业的组织变革跟国家市场经济体制的变革有着很大的同构性，是一种自上而下的制度化过程。因此，对于国有企业来说，不同的组织结构方式则是企业在不同制度条件下为追逐组织效率所运用的不同工具。

3. 群体水平的国企组织研究

李猛等（1996）考察国有企业的内部机制。通过扩展性制度分析，研究发现国有企业的单位特征是来自有意图的社会控制的"意外结果"，具有明显的"控制辩证法"特点。

国有企业内部具有明显的"上下延伸、平行断裂的派系结构"，因此单位成员会有策略地运用各种仪式性规则。刘建军（2000）以昆明卷烟厂为案例考察了国有企业的部门构成。该研究发现，国有企业具有三类部门：一是与政党组织相对应的部门；二是与国家行政体系或生产管理等市场信号相对应的部门；三是与单位成员要求相对应的部门。因此，国有企业是压缩的微型社会。

（三）国有企业的职能部门

在近百年的组织设计和理论研究历史中，总部机关一直被看作是与直线部门相对应的职能部门。为了保证组织内部指挥权的统一，法约尔提出了以"直线职能制"的方式来确保职能部门发挥参谋作用的主张。他认为，职能部门的工作包括对领导人的协助、联络与控制、预测与计划，以及研究改进工作的措施。他强调把职能部门看作思考、研究和观察的机构，可以协助直线主管进行调查研究和商讨问题，但不能擅自做决策，相应地对企业日常工作的进展情况不承担任何责任。因此，它们是一种协助和支持，是一种领导能力的扩展（Fayol, 1984）。

从价值链来看，与直线部门相比，职能部门在履行辅助支持性功能（Porter, 1998）。作为幕僚性质的机构，职能部门的工作内容包括为直线部门提供支持和服务，以及为直线领导人提供参考意见。这样既有利于吸收专业管理人员的智慧，又能保持对组织的一元化领导。所有企业都设立了具有相当规模的职能机构。

一般来说，国有企业的职能部门包括行政办公室、企管部、财务部、人力资源部、党委办公室等非直线部门。职能

部门与直线部门之间的协调一般依靠权力关系，比如宝钢的
"集中一贯体制"。为确保总部机关能切实"面向基层、服务
基层"，宝钢对总部职能部门的职能职责做了明确规定和严
格考核；宝钢总部职能部门服务质量的权力控制者在总部，
依靠总部调配服务力量，辅以作业长之间的"工序服从"这
一横向权力关系（路风，2000）。

　　在 30 年的国有企业改革过程中，伴随着制度环境和企业
组织形式的巨大变化，国有企业内部的各部门和职能也相应
地经历了不断的改造、变革和创新，甚至包括部门名称；这
些部门名称的改变反映了国家、市场等制度力量对国有企业
的影响，企业以其部门名称向社会展示其对于改革的领会和
争取人们认可的意图。国有企业职能部门的专业化职能得到
了一定程度的提升和强化，而传统的非专业功能则不断地从
企业里分离出来，比如"企业办社会"。因此，职能部门的
组织角色正在从传统的资源控制者向服务提供者和价值创造
者转变（王凤彬、赵民杰，2004）。

　　综上所述，当代组织研究领域主要有新制度主义理论、
权威理论和地位特征理论三个正当性理论，但目前的已有
研究尚未对其进行系统整合。国外学者已经研究了个体水
平的地位形成过程和组织水平的地位演化与竞争，也对研
发、营销和生产等直线部门的地位变化及其对组织绩效的
影响进行了研究，然而涉及职能部门地位的研究较少。最
后，目前国有企业研究主要有政府（或国家）与国有企业
的关系、国有企业的制度变迁、国有企业组织结构的变化
三个方面，然而对国有企业内部各部门的功能作用和演化
的研究较少。

　　本章所进行的理论回顾和文献述评并不是为了给本书提供一个进行假设验证的理论框架，而是为本书提供一个广阔而有发展空间的研究背景，确定书中的研究发现在这些研究领域中的位置及独特性。

第二章　国有企业的案例探索

一　研究目标

　　本书的目标在于考察转型经济背景下国有企业内部部门地位的演化机制、正当性来源、地位特征以及部门地位对工作绩效的影响，探索国有企业的内部微观体系，希望在以下组织理论问题上有所贡献。

　　第一，转型经济背景下组织微观层面的制度变迁。与制度环境比较稳定的西方相比，不论是转型的节奏，还是转型的原因，转型经济的制度变迁都有着本质上的不同。考察国有企业内部部门地位的变化将有助于对当代中国1978年以来社会和组织的制度变迁做出更加清晰的认识，同时也能看到组织微观层面的制度变迁与社会宏观环境变化之间的互动关系。

　　第二，中国企业的组织正当性来源。现有的组织正当性认识主要产生于西方稳定的制度环境，他们认为组织正当性主要来自组织与外部环境的一致性。这一观点背后的基本假设是组织为被动的行动者。中国企业组织的正当性来源不会完全等同于西方企业，它们如何获得社会支持？同时，组织领导人的主动性、偏好和社会资本将会发生什么作用？这些问题值得关注。

第三，组织外部正当性与内部正当性的关系。一方面，组织的生存和成功依赖于它与外部环境的一致性。当组织内部结构不能适应外部环境时，组织正当性就会降低。另一方面，组织内部有着自己特定的运行规则、行为方式和惯例，这些内部规则和行为方式为组织里的行动者提供内部正当性来源。组织的外部正当性与内部正当性间的关系在中国企业情境下的特点是另一个值得深入考察的问题。

二　探索性案例研究

一般来说，研究方法的选择必须考虑三个前提条件：研究问题类型、研究对象的可控制程度和时间性质（Yin，2003）。本书回答的"是什么"、"怎么样"和"为什么"三类开放性研究问题，目前尚无可以直接用来解释部门地位的理论。同时，国有企业的部门地位现象属于正在发生但是无法控制，甚至不能进行任何干预的问题。案例研究也有助于在微观层面对社会现象进行深入细致的描述和分析，考察具体的时空情境因素的影响。因此，采用案例研究是一个合适而且可行的选择。

（一）案例研究方法

案例研究一直是管理理论创建的重要途径之一（Eisenhardt，1989；Eisenhardt & Graebner，2007；Yin，2003）。通过案例对管理现象和问题进行描述、解释以及探索性的研究，不仅可以为新理论的形成提供基础，而且有助于我们深入地认识与求证一般性理论在特定情境下的应用范围。

　　与案例教学不同，案例研究是一种运用历史数据、档案材料、访谈、观察等方法收集数据，运用可靠技术对一个事件进行分析从而得出带有普遍性结论的研究方法，能够帮助我们认识事物具体、复杂而多变的过程。案例研究是一种非常客观的方法，它更贴近或遵从于现实，也是一种严谨的实证方法。案例研究历来有现象驱动型和理论驱动型两种思路。现象驱动型是在缺乏可行性理论的情况下，从现象中尝试建立理论，比如著名的霍桑实验；理论驱动型案例研究要求作者必须紧扣已有的理论建立框架，然后发掘有力的定性数据去验证和发展理论，它利于进行一些复杂的、无法定量分析的、框架还不是很成熟的理论研究，也就是遵循严格规范和设计开展的实证性案例研究（Yin，2003；Eisenhardt & Graebner，2007）。

　　由于目前缺乏部门地位的可行性理论，笔者进行的研究属于探索性研究，因而采用现象驱动型案例研究：以部门为中心分析水平，兼顾社会、组织和个体等分析水平，在整合西方理论基础上做中国情境下的本土性探索研究，从而提高研究发现的丰富度（陈向明，2000；Tsui，2009；Barney & Zhang，2009；Weick，2007）。在具体个案研究中，采用"拓展个案研究法"。这种研究方法强调个案研究的意义在于对理论的再建构，在相关理论做起点的前提下，研究者挖掘现实中与已往理论概念不一致的情况，然后将微观现实世界的情况放到宏观的历史社会情境中追溯来源（Burawoy，1998；卢晖临、李雪，2007）。

（二）案例选择

　　随着中国经济体制改革的深入，国有企业概念的内涵与外延也在不断地改变。某种意义上说，以所谓"国有""国营"为特点的传统"国有企业"已经不存在，即使国资委直接管辖的大型中央企业也正在通过公司化改造与股份多元化，以转变成多种股权所有的现代股份公司。本书涉及的国有企业要么从计划经济时期的传统"国企"转制而来，要么是在市场经济时期成立的新国企，但是它们都是国有产权仍占主导地位的企业。从组织研究的角度看，那些成立于计划经济时期、经历公司化改造的国有企业典型地反映了中国社会和组织的制度变迁，而成立于市场经济时期的新国企也在很大程度上从母公司承袭了一些"老国企"的传统特点，因而它们都呈现出非常生动复杂的组织变革图景。对这些企业的职能部门展开深入的案例研究将有助于认识中国制度变迁的一些内在东西，从而提供发展和丰富组织理论的机会。

在具体研究中，案例企业的筛选遵循三个原则。第一，案例企业是具有典型性的国有企业，有一定的历史传统和社会影响，这样就能够有力、典型地反映所研究的现象，符合案例研究的复制法则。第二，至少一家案例企业基本上能够反映中国国有企业所走过的轨迹，也就是常说的"老国企"，因为只有通过这样的企业才能更好地了解国有企业职能部门地位结构的形成、再生产、变迁的过程和轨迹。第三，案例企业处于不同地域或不同行业，规模适当，这样既符合差别复制法则，也便于个案研究。

（三）效度和信度

对于探索性案例研究而言，同样需要通过效度和信度检验（Yin, 2003）。书中通过三种措施来提高案例研究的效度。第一，在具体研究过程中采用深度访谈（含跟踪调查）、非参与性观察和文献档案等多种数据来源，形成"证据三角测量"，对各种数据进行交叉印证（Miles & Huberman，1994）。第二，在数据获取和分析时注意数据之间的逻辑关系，以形成数据链。第三，请主要受访者对研究报告草稿进行检查，核对数据的真实性和准确性。

与实验研究一样，案例研究的信度主要是表明每一个研究步骤具有验证性。在研究过程中，首先完善和遵照案例研究草案；其次建立案例研究数据库，把收集到的访谈资料、文献档案、研究笔记以及实物证据完整地保存下来；最后，就是详细地记录研究过程的每一个步骤。

三　研究过程

书中展现的是一个典型的循环反复过程，遵循归纳研究的标准方法来发展扎根理论，致力于对部门地位这一现象做出合理的理论考察（Glaser & Strauss，1967；Miles & Huberman，1994；Eisenhardt，1989；陈向明，2000）。自 2009 年 10 月开始，研究者对案例企业进行了多次访谈和调研，一直持续到 2011 年 7 月。整个研究过程包括三个阶段：2009 年 10 月至 2010 年 2 月，主要寻找和接洽案例企业，并进行预访谈，完善和修订访谈提纲，然后通过网络、书刊、报纸等渠道收集案例企业的公开资料。2010 年 3 月至 10 月，到案例企业进行实地调研和深度访谈，完成数据处理和撰写研究报告草稿。2011 年 3 月至 7 月，对案例企业进行回访性调查，以及组织焦点团体访谈，讨论和完善研究发现。

(一) 案例企业

笔者调研了北京地区的 8 家国有企业，它们全部都是国有产权占主导地位的国有企业。其中，央企二级公司（含直属单位）5 家，央企三级公司 1 家，地方国企 2 家，具体情况如下（见表 2 - 1）。

表 2 - 1　案例企业基本情况

案例企业	所属行业	成立年份	组织性质	职能部门数量
北京院	能源、垄断	1958	央企直属研究院	12
紫禁城石油公司	能源、垄断	1950	央企二级公司	7
神州油业销售公司	能源、垄断	1998	央企二级公司	7
神州润滑油公司	能源、垄断	2002	央企直属公司	6
北京地产	房地产、竞争	1998	地方国企	5
紫禁城计算中心	服务、竞争	1973	地方国企	4
中原物资集团	物资、垄断	2003	央企二级公司	7
中瑞公司	设备、竞争	2006	央企三级公司	4

注：其一，所有企业均为化名，本书后面部分出现的企业名称亦是如此；其二，北京院、紫禁城石油公司、神州油业销售公司和神州润滑油公司均为央企神州油业集团的二级下属单位。

北京院：本部地处北京市内，创建于 1958 年 6 月，是中国最早从事石油化工综合性研究的科研机构之一。1998 年 9 月，北京院整体并入央企神州油业（特大型石油石化企业集团，《财富》全球 500 强企业之一），成为直属研究院。至 2009 年底，北京院共有员工 1114 人，正式职工 794 人，劳务工 320 人。员工中有博士 137 人，硕士 178 人，合并占正式职工的 40%。2009 年营业收入 1.5 亿元人民币，技术和产品出口总额 980 万美元。北京院的研究开发工作以工程塑料和功能高分子材料为重点，并覆盖精细化工、有机催化、黏合剂、环境保护和分析检测等领域，现有 3 个研究所、10 个研究部室、2 个中试基地和 1 个设计所。

北京地产：北京地产是北京市国资委下属国有企业（全国 500 强企业之一）投资的专业房地产开发公司。公司总部位于北京市西二环，成立于 1998 年 12 月，一级开发资质，注册资金 6 亿元，总资产 33 亿元，通过 ISO9001、ISO1400 体系认证，是一家致力于发展住宅地产、商业地产和物业管理为一体的中型房地产开发企业。截至 2009 年底共有员工 149 人，在辽宁、内蒙古、天津、海南等地控股六家项目型子公司，2009 年营业收入为 1.5 亿元人民币。

中原物资集团：隶属于某铁路央企（《财富》全球 500 强企业），前身是中国人民解放军后勤部队，1984 年集体转业并入铁道部，2003 年 3 月建立现代企业制度，定名为中原物资集团有限公司。主营业务包括铁路运输、建设所需的钢轨及配件、油料、火工品，大型基建项目所需钢材、水泥等相关物资贸易、工程物流、物资仓储、配送等。中原物资集团总部设在北京，下辖东北、华东、中南、西北、西南、华北、华南和铁建民爆等 15 个控股子公司，在鞍山、包头、攀枝花、武汉、徐州等地设有 10 多个分公司和办事机构。

紫禁城石油公司：这是神州油业在京油品销售企业，前身是北京石油集团有限公司，成立于 1950 年 4 月。1998 年 9 月，公司成建制划转至神州油业。2004 年进行扁平化管理改革，成立 11 个综合管理部门。主营汽油、柴油、煤油、润滑油、燃料油和非油品业务，是拥有 11 座在营油库、580 余座自营加油站、158 公里汽柴油管线、98 公里航煤管线的大型油品销售企业，形成了遍布北京城乡的营销网络和日臻完善的服务体系，掌握着北京成品油市场供应的主要渠道。

神州油业销售公司：成立于 1985 年，1992 年转为总公司的直属企业，具独立法人资格。1998 年，根据国务院重组两大集团的决定，成立神州油业所属的销售公司，2002 年，其上市部分改制设立神州油业销售有限公司，与神州油业股份有限公司油品销售事业部合署办公，实行"一套机构，两个牌子"，其所属华北、华东、华中、华南分公司作为派出机构，主要负责神州油业所属生产企业成品油的统一收购、统一结算工作，成品油的资源配置、区间调拨、运输协调、信息沟通、销售管理等工作。

神州润滑油公司：神州油业直属企业，于 2002 年 5 月 29 日正式在北京挂牌成立，境内在北京、上海、天津、重庆、广东茂名、湖北武汉和荆门、山东济南、河南郑州设有 11 家分公司，在境外设有新加坡分公司 1 家，设中外合资公司 3 家。公司集润滑油生产、研发、储运、销售、服务于一体，具备 146 万吨/年的包装油脂生产能力，是国内最大的高档润滑油专业产销集团。

中瑞公司：成立于 2006 年，中瑞科技有限公司是由某电力央企下属研究院全资组建的独立子公司，专业从事城市公用事业（水厂、污水厂、电厂、天然气等）的自动化控制和调度系统的研制、开发、集成及生产。

紫禁城计算中心：成立于 1973 年，是中国最早、最有影响力的计算机应用研究开发和技术服务机构之一。2000 年，计算中心转制为全民所有制企业，致力于应用计算技术研究和服务。拥有近十家企业，三个研究机构（包括两个重点实验室），是中国高性能计算机产业联盟的依托单位。

（二）数据来源

1. 深度访谈

对 11 位受访者均围绕公司和职能部门的历史、公司领导和部门负责人、职能部门的地位和决定因素等话题进行了半结构化访谈（访谈提纲见附录 B），对于每一个话题都进行开放式交流和追问，每一次访谈都聚焦于事实和事件，而不是受访者自己的解释。这些访谈最长 150 分钟，最短 45 分钟，平均 90 分钟。具体的受访者及其访谈情况见表 2-2。

表 2-2　主要受访者的基本情况以及访谈情况

姓名	性别	职务	行政级别	司龄（截至 2010 年）	教育程度	访谈地点	访谈次数	访谈时间
郭林	男	北京院院办公室副主任	正处	16 年	硕士	研究室、办公室	6	最短 50 分钟，最长 150 分钟
齐虎	男	北京院原副院长（2009 年底离休）	副局	40 年	本科	办公室	3	最短 70 分钟，最长 140 分钟
李琴	女	紫禁城石油公司财务处处长	正处	18 年	硕士	办公室	1	60 分钟
孟力	男	紫禁城石油公司人力资源部部长兼党委组织部部长	正处	18 年	硕士	办公室	1	65 分钟
王江	男	神州油业销售公司业务处处长	正处	20 年	硕士	研究室	2	最短 45 分钟，最长 75 分钟
勾杰	男	神州润滑油公司党委副书记	副局	20 年	硕士	办公室	1	65 分钟
李伟	男	北京地产副总经理兼纪委书记	正处	14 年	硕士	办公室	2	最短 60 分钟，最长 90 分钟

续表

姓名	性别	职务	行政级别	司龄（截至2010年）	教育程度	访谈地点	访谈次数	访谈时间
董洁	女	北京地产人力资源部副经理	副科	4 年	硕士	家里、办公室	4	最短 75 分钟，最长 140 分钟
徐军	男	紫禁城计算中心副主任、党委书记	正处	25 年	硕士	研究室	2	最短 50 分钟，最长 80 分钟
张跃	男	中原物资集团人力资源部人事教育管理中心主任兼集团团委书记	正处	6 年	硕士	研究室	2	最短 45 分钟，最长 99 分钟
王华	女	中瑞公司人力资源部副经理		5 年	硕士	办公室	1	61 分钟

注：表中所有受访者的名字均为化名；本书后面凡涉及案例企业的人员也为化名。

由于部门地位属于国有企业内部的敏感话题，无法找更多受访者来进行信息核实和互证，只能采用对重点受访者进行多次访谈的方式予以弥补。11 位主要受访者可以分为重点受访者和一般受访者两类。首先，在正式访谈前，研究者与 3 位重点受访者（郭林、齐虎和董洁）进行了接触性面谈，一方面了解案例企业的基本情况、核实前期收集的二手资料信息以及收集企业档案资料（公司历史、部门工作总结、内部工作文件等），另一方面对访谈提纲进行讨论和修订。在正式访谈后，又分别与这三位受访者进行了多次面对面访谈，对一些不清楚的问题进行补充访谈，其间邀请来自职能部门和直线部门的部门负责人对所有职能部门的地位评分（满分 10 分）。其次，对王江、徐军和张跃 3 位受访者进行一次性半结构化访谈后，又进行了一次一小时的补充性访谈。最后，对李琴、孟力、李伟、勾杰、王华 5 位受访者分别根据访谈提纲进行一次性的话题式开放访谈。在数据分析和报告撰写期间，对于写作中发现的信息上的不足和疑问以邮件和电话的方式进行补充调查或核实，解决后续分析中发现的矛盾和问题。

具体访谈过程中，根据受访者的特点选择合适的访谈风格。对于健谈者，研究者主要扮演倾听者角色，必要时对其话题进行引导。对于不善言辞或者性格内向的受访者，研究者采取袒露自己的策略，营造轻松愉快的访谈氛围。此时，研究者有意识地变成积极的交谈者，甚至采用很多具有共情作用的语言来激发受访者的谈话热情。对于希望得到深度回应的受访者，研究者甚至采取对谈者的访谈风格，从而使访谈不论是在形式上还是在内容上都不太像典型的问答式访谈，而更像是在一起探讨一个具有共同兴趣的话题。

对于访谈数据，研究者遵照"二十四小时原则"进行整理。每次访谈回来，都及时写下访谈要点、印象深刻的事物以及下次访谈有待讨论的问题。然后，将录音文件传给专业速记员，让其帮助整理访谈逐字稿，待逐字稿返回来后，再复听录音和修订确认。最后，一共获得了 15 万字的录音数据，平均每人 14091 字。

由于话题的敏感性，调研过程存在着受访者单一的现象。在敏感事件或敏感信息的获取方面，也存在访谈深度有限的问题。尽管部门地位既不涉及个人隐私，也不涉及商业机密，但它是国有企业里非常敏感的话题，无法找更多人核实受访者提供的信息，结果是每一家企业找到一两位受访者，并且所有受访者都是通过私人关系找到的。即使拥有良好的私人关系，受访者在访谈中还是很谨慎，有的拒绝录音，有的在尝试了几个问题的访谈后才接受录音，更有人在访谈中强调：

> 也就是我们这关系，我才跟你说这些。有些东西可能我没法说，也不知道该怎么说，但说的东西我尽量保证客观真实。（访谈对象郭林，2010年3月10日）

2. 档案数据和工作文件

在调研过程中，研究者收集了大量的企业内部档案数据和工作文件，包括35本纸质档案资料和10万余字电子资料，主要资料形式有企业简介画册、企业历史以及近三年大事记、近三年企业内刊、管理制度汇编、会议纪要、企业领导人讲话、职能部门工作总结、内部工作文件、工资台账等。

3. 二手数据

通过网络、行业报告、图书、报刊等途径对8家案例企业的公开资料进行了系统搜集和筛选，归纳出与研究问题相关的二手资料。

（三）数据分析与理论建构

研究遵循归纳研究的标准方法来发展扎根理论（Glaser & Strauss, 1967; Eisenhardt, 1989; Miles & Huberman, 1994），每个案例的数据分析都采取了双向交互策略。

首先，研究者遵循"逐项复制"（Yin, 2003）的原则处理每份访谈逐字稿。研究者边听录音边读逐字稿，再次回到访谈现场；根据每份访谈逐字稿以及档案资料中的相关要点进行画图分析，以进行质化数据透视，这样得以获得对所有访谈数据和档案资料的整体把握。具体来说，就是通过反复阅读每份访谈逐字稿，为每位受访者的访谈内容画一张图，直观展示受访者所使用的重要概念以及这些概念之间的关系。然后对所有草图进行比较，绘制访谈内容总图，反复进行比对和校验，寻找受访者的"本土概念"。然后，研究者从"究竟什么导致了兄弟部门之间的地位差异"这样的基本问题着手检验上一阶段得到的"本土概念"，尤其是根据访谈观察清单记录、研究日志以及档案数据对这些"本土概念"进行交叉检验，最后将筛选下来的概念及其关系跟不熟悉这个研究项目的同事和同学一同讨论、复核和验证，这样就完成了部门地位正当性的初步概念识别。

其次，研究者使用 NVIVO 软件对这些本土概念进行分类（开放式编码）。概念的编码尽可能使用受访者自己的语言，当不存在适当的受访者语言时则尽量使用简洁的语言描述。然后，甄别和构建这些一级概念之间的关系（轴心编码），如果有些概念彼此具有统领或所属关系，便将它们列入同一个语义群，以此将它们提炼到更高阶的主题上去。最后，研究者将相近主题汇集到部门地位正当性的核心构成维度中，从而形成国有企业职能部门地位正当性编码簿，再根据它对访谈数据、档案数据和二手数据进行分类汇总，形成了文本资料数据库。

其实，整个研究过程经历了不断的反复（Miles & Huberman，1994）。首先从文献还没有满意答案的问题着手，"为什么组织中的兄弟部门之间地位并不平等？"接着，研究者致力于收集各种数据，尤其是北京院的访谈数据、档案数据和二手数据，在访谈过程中的初步分析就试图描述国有企业职能部门之间地位的影响因素。然后是长达 8 个月的数据登录和分析，将独立完成的 8 家案例企业数据分析结果进行交叉比对和校验，获得初步的部门地位正当性框架，在研究报告撰写中再次回到文献中寻找和确认能够解释这个框架的相关概念和观点，然后携带研究报告回访主要受访者，接受评判和审核。通过数据和文献之间的来回反复，包括学界同行极具建设性和挑战性的提问，最终总结了国有企业部门地位的正当性框架。总之，笔者经历了一个反复而持续的对话过程，对话对象包括理论、企业、受访者、数据、学界同行（导师、学术会议评议人和学位论文答辩评委）以及自己。

在理论构建中，北京院案例用于确立初步框架（Glaser & Strauss, 1967）。这样设计主要出于两个原因，一方面作为1958年成立的"老国企"，北京院历经了计划经济和市场经济两个时期，主要运转机制具有良好的延续性，堪称国有企业的典型代表。另一方面，北京院的调研最为深入，不仅有多次深度访谈，还有非参与性观察，而且提供了丰富的档案数据和工作文件。其他7个案例作为理论复制和扩展的样本，用以检验和提炼初步框架，通过这些案例证据与原初框架的比较分析，来检验原初框架的稳健性（Yin, 2003）。这7家扩展案例企业既有来自北京院所属央企集团的石化企业（比如紫禁城石油、神州润滑油、神州油业销售公司），也有来自其他行业的企业（比如北京地产、紫禁城计算中心、中原物资集团、中瑞公司）；既有同样成立于计划经济时期的老国企（比如紫禁城石油和紫禁城计算中心），也有市场经济时期成立的新国企（比如神州润滑油、神州油业销售公司、北京地产、中瑞公司）。这样就能够进行更深入的对比分析，通过这些案例的证据来进一步检验和完善从主案例产生的理论框架和结论，从而形成了"一主多辅"的案例建构关系。

（四）写作过程与回访验证

1. 报告写作中的难点

在研究报告写作过程中，研究者碰到了两个难点。第一，如何在杂乱无章的质化数据中把握其内在的逻辑，对地位现象进行清晰准确的描述。第二，信息的不足或缺失，由于调研为开放式访谈，经过分析，发现很多信息属于无效数据，而有价值的信息又挖掘不足，不能提供准确完整的陈述。

对于第一个问题，具体的解决方案是把数据分析中得出的初步内容和陈述逻辑与主要受访者、朋友或同学进行讨论，每次讨论中反复强调一个问题："你觉得这样的结构和逻辑能够概括国有企业职能部门的实际情况吗？不足之处在哪里？"在吸取建议的基础上，研究者查阅和研读相关理论和研究文献，然后继续坚持撰写，因为只有通过写作才能强迫自己逐步细化思考每一个环节，让自己进一步接近国有企业部门地位的本来面貌，也只有通过写作才能清楚哪些地方需要进一步深入了解。

对于第二个问题，解决办法为把缺失信息分为两类：容易获得或补充的，以及需要深入调研才能获得的。对于前一类信息，通过邮件或电话向主要受访者寻求支持，受访者每次都积极配合，提供相关信息；具体互动是研究者下午和晚上撰写报告，写作结束后把相关问题通过邮件发给受访者，第二天上午电话确认和沟通。后一类信息则直接列入下一轮访谈提纲，以求深入调研。

2. 回访调研与验证

这些研究发现经过了三种形式的验证：主要受访者审查、焦点团体访谈和学术交流（Yin，2003；郑伯埙、黄敏萍，2008；Merton & Kendall，1946；陈向明，2000）。

案例研究的效度检验方法之一就是受访者审查。在报告草稿完成后，研究者将打印稿分别送给齐虎、郭林、董洁、王江、徐军5位主要受访者阅读和审核。一周后，对这5位受访者逐一进行回访性调研。一方面对一些不清楚的问题进行补充访谈，另一方面具体核实研究报告中使用的相关资料，听取受访者对研究基本结论的看法，把初步研究成果交给受访者进行评判和质证。

2011年6月25日，组织了由5位具有五年以上中层管理经验的企业人员构成的焦点团体进行访谈。访谈前，参与者均阅读了研究报告草稿。焦点访谈时间为130分钟，研究者全程进行录音。整个焦点访谈的具体过程为：在简要陈述研究过程和研究结果后，研究者引导大家对三个核心案例研究逐一进行了开放性讨论，只要不偏离主题就不做任何干涉。在上述两个验证过程中，均请受访者和焦点访谈参与者对部门地位的正当性框架进行了评分，也就是10人参与了部门地位正当性框架的专家评价（即德尔菲调查）。

本章首先简要陈述了研究目标，其次介绍了所采用的探索性案例研究方案，然后是具体的研究过程，包括案例企业概况、数据收集和分析、理论建构以及报告撰写和验证。

第三章 职能部门地位的演化分析

一 国有企业职能部门的发展历程

表 3 – 1 简要梳理和描述了北京院自 1958 年成立以来的职能部门发展历程，大致可以分为四个阶段，但是部门设置和完善主要集中在 1958 ~ 1965 年、1978 ~ 1997 年和 1998 ~ 2010 年三个阶段。

在第一阶段（1958 ~ 1965 年），先后成立的部门有院办公室（1958 年）、计划科（1958 年）、财务科（1961 年）、人事教育科（1962 年）、行政处（1961 年）、党委办公室（1958 年）、保卫科（1958 年），搭建了北京院的主要职能部门体系。在后来的发展过程中，这些部门相继经历了独立、合并、恢复或更名，但作为北京院职能管理的骨架依然存在，保持了良好的延续性，正如 1970 年开始进入北京院工作的齐虎所说：

> 我们现在机关口的组织设置都是在 1964 年以前的组织基础上演变过来的。随着时代的发展，职能部门的工作也有相应的变化，但基本上好多原来设的部门职责没有大的变化。我认为，抛开"文化大革命"这段特殊历史不说，1964 年以前设立的管理机构还是有很多可取的

地方，这些部门的很多规章制度一直延续到现在，依然有效。（访谈对象齐虎，2010 年 4 月 9 日）

在第二阶段（1966～1977 年），北京院主要是对职能部门进行了重组，更换了政治色彩更浓的名称，但在"文化大革命"后期以及改革开放初期都陆续得到了恢复，其中 1976 年设立了安全科。按照齐虎的说法，第二阶段处于"文化大革命"这个特殊历史时期，在组织发展上没有什么贡献。

在第三阶段（1978～1997 年），北京院的职能部门有了三个方面的发展变化。第一，原来的职能部门级别提升。随着北京院升为正局级科研单位，原来的职能部门陆续升为正处级机构：院办（1984 年）、科研处（1984 年）、人事处（1984 年）、党办（1984 年）、财务处（1987 年）、安全保卫部（1987 年）。第二，适应国家政策的需要，新设了两个独立的职能部门：审计监察室（1988 年）和离退休办公室（1994 年）。第三，根据内部经营需要，在科研处下面设置了条件办公室（1984 年）、外事办（1993 年）和知识产权办公室（1995 年）三个业务科室，这些科室在下一阶段均独立设置为重要的正处级职能部门。

在第四阶段（1998～2010 年），随着北京院成建制进入神州油业，由事业单位改制为企业单位，并在 2000 年的机构改革中按照神州油业的要求进一步调整了职能部门。首先，部分原有职能部门更换了新的名称，比如"科研处"改为"科技开发部"、"人事处"改为"人力资源部"。其次，在上一个阶段设立的外事办、条件办公室、知识产权办公室等职能科室升级为独立的正处级职能部门。至此，北京院已经形成了新老并存，适应运转需要的职能部门体系。

表3-1　北京院职能部门演变情况

部门	发展阶段			
	1958~1965年	1966~1977年	1978~1997年	1998~2010年
院办公室	1956年开始的北京院筹备处秘书科改成院办公室，统管秘书科、财务科、劳资科、资料室、行政科以及后勤机构	1966年改为办事组；1973年恢复院办公室	1984年开为正处级部门	
科技开发部	1958年设立计划科；1959年成立工程师办公室；1965年成立科研指挥部	1966年改为科研服务部；1973年恢复正常科研组织，成立计划技术科和科研管理科	1981年成立科研办公室；1984年改为科研处（正处级）	2000年改为科技开发部
财务部	1961年财务科从院办独立出来		1987年财务科开为财务处（正处级）	2000年机构调整改为财务部
人力资源部	1962年从院办独立出来，改为人事教育科	1964年人事科分为干部科和劳动工资科教育科；1966年改称为革命委员会的政工组和办事组；1973年恢复干部科和人事教育科	1984年合并干部和劳资工作，改为人事办公室，又叫人事处（正处级）	2000年改为人力资源部

续表

部门	发展阶段			
	1958～1965 年	1966～1977 年	1978～1997 年	1998～2010 年
基建条件部			1984 年成立条件办公室，隶属干科研处	2000 年条件办公室独立出来，改为基建条件部（正处级部门）
知识产权办公室			1992 年设立专利管理小组；1995 年改为知识产权办公室，隶属干科研处	2008 年知识产权办公室从科技开发部独立出来（正处级部门）
国际合作部			1987 年设立外事秘书，隶属干科研处；1993 年设立外事办	2000 年更名为国际合作部（正处级）
党委办公室	1958 年 12 月成立首届党委会，下设党委办公室、组织部、宣传部、武装部、团委		1984 年升为正处级部门；1986 年增设纪委	
安全保卫部	1958 年成立保卫科	1973 年改设武装保卫部；1976 年成立安全科	1980 年恢复保卫科；1987 年保卫科和安全科合并为安全保卫办公室（正处级）	2000 年更名为安全保卫部（正处级）

续表

部门	发展阶段			
	1958～1965 年	1966～1977 年	1978～1997 年	1998～2010 年
综合办公室	1958 年成立行政科，隶属院办；1961 年改为行政处	1973 年改为行政科	1983 年恢复为行政处（副处级）；1993 年成立北京华苑商贸公司（发展第三产业），履行行政处职责	2000 年成立综合办公室（正处级）；2007 年北京华苑公司撤销
审计监察室			1986 年成立审计组，挂靠院办；1988 年 5 月更名为审计科，12 月成立监察审计室；1993 年 9 月监察与审计分开，改与纪委合署办公	2000 年审计和监察合并成立审计监察室（正处级）
离退休办公室			1982 年成立老干部科；1991 年成立退休职工管理办公室；1994 年老干部科与退休职工管理办公室合并为离退休办公室（正处级）	

数据来源：根据 2009 年 10～11 月、2010 年 3～5 月和 7～9 月、2011 年 5～7 月企业访谈和档案整理。

二 部门地位的演化动力

从表 3 - 1 可知，北京院的职能部门一直在随着时代发展而进行相应的调整。在其发展过程中，职能部门与组织、社会环境之间关系一直处于动态演化中。对职能部门来说，其部门地位演化的动力来源有社会层面的制度压力、组织层面的授权以及部门层面的认可。

（一）社会层面的制度压力

新制度主义理论认为，组织面临着来自社会环境的制度压力，所处的制度环境会迫使组织在结构和组织行为上变得跟其他组织更加相似或同构。这种制度环境为组织提供了一套有效信念的社会性参考结构，从而对组织构成了持续的压力，界定和限制了组织的选择范围（Berger et al. , 1998；North, 1990）。表 3 - 2 展示了国有企业职能部门在不同时期面临的制度压力，以下将对它们进行具体的讨论。

表 3 - 2 国有企业职能部门不同时期的制度压力

年代	国家政策	北京院关键事件	制度压力
1958 ~ 1977 年	国家社会主义以及计划经济体制的建立和执行	1958 年北京院成立；1961 年执行"科研十四条"	全国组织普遍实行"单位体制"
1978 ~ 1997 年	1979 年 5 月国务院启动国有企业改革试点项目；1984 年正式启动城市经济改革	1982 年北京院开始改革试点；1984 年北京院实行院长负责制；1992 年北京院成立第三产业公司	全国推行经济责任制

年代	国家政策	北京院关键事件	制度压力
1998～ 2010 年	1998 年国务院发布中国石油石化工业战略性改组的通知（国办发〔1998〕14号文件）	1998 年北京院整体进入央企，成为直属研究机构；2000 年北京院根据央企要求进行机构调整	央企集团的垂直管理体制

数据来源：根据 2009 年 10～11 月、2010 年 3～5 月和 7～9 月、2011 年 5～7 月企业访谈和档案整理。

1. 1958～1977 年：单位体制的形成

1956 年 5 月，化学工业部成立；9 月，按照化学工业部的预定规划成立"北京院筹备处"；1958 年 6 月，北京院正式成立。成立之初，其科研力量有三个主要来源：一是 1949 年 1 月成立的东北化工局研究室，这是新中国第一个化学工业科研机构；二是著名企业家范旭东先生 1922 年创办的"黄海化学工业研究社"；三是 1950 年成立的浙江省化工研究所。然而，在组织形式上，其主要采取的是东北化工局研究室的组织形式，也就是当时全国推进的"典型单位制"。北京院采用这种组织形式主要有以下三个原因。

首先，东北地区单位制的典型示范。新中国成立初期，在东北地区接管企业和管理城市的过程中，共产党人基本延续了中国共产党革命时期的根据地模式。同时吸取国民党时期国营企业管理制度和苏联模式的特点，结合东北解放初期的具体情况，逐渐摸索出一套接收和管理城市及企业的模式和经验，形成了"单位制"的雏形，为全国各地的工厂管理提供了直接有效的学习范本①（路风，1989，1993；Putterman & Dong，2000；田毅鹏，2007；卞历南，2011）。在很大程度上，这种单位制可以说是"根据地模式"的城市版本，是一个具有多元功能的社会生活共同体。在当时各种现代工业条件相当薄弱的社会环境下，这种"企业办社会"的单位体制在中国现代工业体系建设过程中起到了非常有效的作用，属于正作用大于负作用的制度创新。其实，在1958年北京院正式成立之前，"单位体制在1957年第一个五年计划完成时就初步形成了"（路风，1993：77）。因此，这种单位制为北京院提供了建立和发展的组织原型（Scott，2008）。

其次，首任领导和相关人员过去的工作经验。北京院首任院长华云具有丰富的工厂筹建和管理经验。华云1936年毕业于上海光华大学化学系，1940年前往延安担任自然科学院教员和陕甘宁边区军工局工程师，1945年筹建西北铁厂并任厂长，1946年任大连化学厂副厂长，1947年调往哈尔滨东北财经委员会（后改为东北工业部）工矿处工作。在后来的东北解放战争中，华云奉命接收长春、锦州、沈阳等地的化工

---

① 关于单位制的起源，众说纷纭。以前主要有两种主要观点，一种观点认为单位制来自延安模式或者更早的革命根据地模式（路风，1989，1993；田毅鹏，2007）；另一种观点认为，单位制沿袭了苏联模式（Putterman、董晓媛，2000）。卞历南（2011）研究表明，抗日战争期间，在遭受日本入侵的全面危机下，国民党领导下的国营企业建立了官僚（科层）治理结构、管理和激励机制（工作竞赛运动），以及职工社会服务和福利设施（包括食堂、住房、医院、子弟小学等）。国民党各级管理者以制度合理化为特征的国家建设努力使得国营企业跟党政机构一样获得了单位名称。1949年新中国成立之后，新政权下的国营企业在数年里都沿用了以前的管理模式，并让以前的管理人员继续管理企业。王处辉（2001）研究显示，中国国有企业的组织形态起源最早可以追溯到明清的官府手工业工场和晚清洋务运动中的军工企业，具有明显的连续性。因此，这些说法的背后有三个共同内核：一是单位制起源于1949年之前；二是单位制有多重来源；三是单位制具有明显的连续性。

企业，负责大规模的生产恢复和改造工作，并组织筹建东北化学公司。1949年，华云建议成立东北化工局研究室，为建设吉林化工区、恢复发展东北化学工业生产提供技术服务。1951年初，华云作为第一个中国赴苏贸易代表团成员参加苏联援华建设项目谈判。1954年6月至1956年6月，华云被派到苏联学习，并深入化工企业及科研机构考察访问，调查了解工艺技术、企业管理、科研开发等情况。1958年6月，华云以化学工业部技术司司长身份兼任北京院首任院长。从其履历来看，华云参与和推动了东北"典型单位制"的形成全过程。在北京院的其他领导及中层管理人员中，很多人都有与华云相类似的工作经历，甚至有些人就是华云当年的下属或老同事。在某种程度上，首任领导以及其他人员担当了单位制的制度传递者角色，体现了中高层管理者对组织发展的重要作用（Scott，1995；Chandler，1977）。

最后，基础条件的硬性约束。北京院院址处于当时的北京郊区，周围是一片庄稼地和零散分布的坟场，离当时成熟的居民区有相当的距离。由于很多职工都是由东北、浙江等地调过来的，职工及家属的生活均需要有相应的安排。具有多种功能的单位制正好能满足这些需求。

因此，从制度的传播、领导人的过去经历以及客观条件的约束来看，北京院在创建时采用当时普遍推进的典型单位制是一个很自然的选择。这也是北京院管理层"有意但非全凭己意"的自觉选择，但是这个选择"仍然不会超出制度的支配性价值的范围"（March & Olson，1989：161）。因为在计划经济制度下，全国企业实际上都处于同一个组织场域中，单位制是模仿同构性的结果（DiMaggio & Powell，1983；Galaskiewicz & Waserman，1989）。这种单位制为北京院后来的成长发展提供了有效的制度基础。

在计划经济时期，北京院的职能部门主要承担两方面的服务工作，一是为科研工作第一线提供服务支持；二是满足与政府以及主管部门的对口管理要求。在这两种服务工作中，掌握的工作职权越多，部门地位越高。

2. 1978～1997 年：经济责任制的推行

中共十一届三中全会以后，党中央提出了"调整、改革、整顿、提高"的八字方针。1982 年，化学工业部决定在北京院设立整顿改革试点，推行"科研合同责任制"。1984 年，北京院开始实行院长负责制，全面推行全院科研体制改革。在此基础上，经过多年多向创收、逐步自立的实践，北京院建立起一套以专题承包为重点的技术经济责任制，职能部门实行目标管理，并在全院范围内以内部银行的方式实行严格的经济预算。

在这个时期，北京院的科研部门实行了专题组承包的工作方式，对外开展经营销售、市场开发和技术服务。与计划经济时期相比，经济责任制下的职能部门只受到两个方面的影响，一是部门机构和人事安排做了部分调整，比如设立审计室、知识产权办公室、外事办等科室；二是后勤行政部门的社会市场化改革。1992 年北京院根据党中央、国务院《关于加快发展第三产业的决定》的政策成立"北京华苑商贸公司"，吸收院内富余人员搞多种经营，发展第三产业。除此而外，北京院的职能部门基本没有什么大的变化，"工资奖金都是旱涝保收的"（访谈对象齐虎，2010 年 4 月 9 日）。相反，由于市场经济的推行，院办公室、财务部、科研处等部门具有很大的自主权，部门地位得到了相应的提升。

3. 1998~2010 年：直属央企的专业科研组织

1998 年，北京院整体进入神州油业集团，不再拥有独立法人资格。2000 年，北京院根据神州油业集团总部的要求进行了机构调整，部门更为精简，人员变得更加精干，幼儿园等很多后勤部门移交地方政府或社会机构，正式告别了"企业办社会"时代。由此，北京院成为央企的直属研究院，也就是变成了一个典型的专业科研组织，其研发产品具有很好的资产专用性。

在集团总部强势的垂直管理体制下，"实际上，北京院进入了神州油业的企业计划经济，各方面控制得挺死的，包括院长很多方面都不能自己拍板了"（访谈对象齐虎，2009年 4 月 15 日），各种职能管理不再拥有独立的自主权，必须遵照总部上级机构的要求来进行。因此，与上一个时期相比，大部分职能部门的地位均有所下降。

（二）组织层面的授权

> 对于国有企业职能部门来说，在组织内部地位的高低或者变化主要取决于两个因素：第一个是领导赋予部门的职责，具体管什么事；第二个就是职能部门的工作业绩以及其他部门对它的评价。（访谈对象齐虎，2010 年 4月 9 日）

齐虎在访谈中如此总结职能部门变化的原因。第一个因素涉及组织对职能部门的授权，第二个因素则涉及部门层面的认可。

表 3 - 3　组织里的两种授权

授权类别	授权来源	授权形式
制度化授权	劳动分工	部门的职能职责
权变性授权	领导者	领导分配的工作任务

在国有企业里，授权有由劳动分工所规定的部门职能职责和由领导者临时赋予的工作任务两种（表 3 - 3），前者已经成为日常工作内容的制度化授权，后者是社会环境或组织发展所产生的权变性授权。授权是指来自组织层级上较高职位或上级对某个特定规范或结构的赞成或支持（Dornbusch & Scott，1975）。

1. 制度化授权

一般来说，职能部门的职能职责就是组织赋予部门的制度化授权。在国有企业里，职能部门的职能职责一般比较稳定，只有在部门重组时根据社会环境和组织发展需要才做调整。在北京院，除了新设部门，院办公室、科技开发部、人力资源部、财务部等主要职能部门的岗位职能定位在 1998 年进入神州油业以后的 12 年中并没有发生明显的变化，甚至与创建时的职能分工大体一致。

在国有企业里，在发生领导更替之后，新领导往往会对原有的部门或职能职权做一些调整，"进行洗牌，树立自己的威信"（访谈对象郭林，2010 年 3 月 10 日）。比如北京院现任院长 2005 年上任后，对职能部门的职权做了一些变更：把以前由院办公室负责的全院规章制度管理划分到科技开发部，把以前由院办公室负责的年终奖金分配工作交由院办公室、科技开发部和人力资源部共同负责，把以前一直由党委办公室负责的干部管理划分到人力资源部。

另外也有随着主管业务重要性增加而扩大职权的情况。比如综合办公室，以前主要负责后勤行政管理工作，属于典型的边缘辅助部门。但是北京院进入神州油业后，随着全院业务的快速增加，其部门就变得日益重要。这是因为运律事务部设在综合办公室下面，以前的业务合同很少做法律审查，后来业务发展了，为了规避风险，北京院领导规定所有业务合同都要经过法律事务部的审查，综合办公室的地位马上发生了变化：

> 有法律合同审查就很高兴，权多了。如果觉得有法律风险就可以不同意，部门地位一下就提高了。（访谈对象郭林，2010 年 3 月 10 日）

2. 权变性授权

权变性授权主要指组织高层领导尤其是一把手的个人授权，更多的是领导者根据组织需要、任务特点、部门工作能力以及对部门负责人的信任程度来决定。在北京院，院办公室一直承担着全院的综合性管理工作职责，多次承担政府、上级机构以及院领导所交办的短期性重要任务。比如在筹备期间，院办公室负责所有职能管理工作；1961 年，在贯彻"科研十四条"文件时，北京院专门成立了"十四条"办公室，由院办公室领导；1973 年，在"工业学大庆"活动中，院办公室下面设立了"工业学大庆"办公室；1982 年，在进行整顿改革试点时，院办公室设立了改革办公室；1993 年，在向市场转型过程中，院办公室下设了政策研究室；1998 年，北京院进入神州油业时，院办公室负责协调沟通工作；2000 年，院办公室负责组织机构调整。

科技开发部一直承担着新兴业务管理的工作任务，在其内部下设相关科室进行推动。比如 1984 年设立条件办公室，负责全院的科研基建、工程管理和调度；1987 年设立外事秘书，负责对外交流合作；1992 年设立专利管理小组。这些科室在 2000 年以后都成为独立的正处级职能管理部门。

（三）部门层面的认可

在组织或群体里获得同事的尊重和认可，既是组织人的本能，也是获得生存和发展的必要手段。认可是来自组织层级上平级或下级对某个特定规范或结构的共识性支持（Dornbusch & Scott, 1975）。组织里的认可，既是人们开展组织活动和人际交往的目标之一，更是组织活动和人际交往的结果，因而人们一直在进行着多层面、多角度的认可竞争。郭林总结了国有企业里的认可竞争：

> 单位里的竞争主要靠两条线：一条明线，也就是干工作，干得漂亮，见到利益、好事要表扬的赶快去争，不好的事就千万别沾包，躲得远远的。另一条是暗线，就是私下活动，跟领导以及其他同事把私人关系处好。但是，总的来说，部门之间很少有大家非常认可的，认可也都是表面上的认可，其实心里谁也不认可谁，今天说这个不好，明天说那个也不好。（访谈对象郭林，2010 年3 月 10 日）

从上面这段话中，可以看到两个领域的认可竞争：工作业绩和人际关系。

1. 工作业绩的认可竞争

在国有企业，职能部门必须保证本职工作任务的完成质量，这既是组织里认可竞争的重头戏，也是其他认可竞争的基础。"有为才有位"，这是调研过程中郭林和齐虎都提到的一句话，以此来总结工作业绩与部门地位的关系。他们认为，在国有企业工作，压力一点不比外资企业和民营企业里小，不论是个人，还是部门，本职工作做不好就无法得到上级、其他部门以及下属公司同事的认可。

北京院的职能部门实行目标管理，并在每年年初都签订部门目标责任书。在院办公室、基建条件部等部门的考核指标中，重点管理任务和日常管理任务的考核权重一共达到了80%。但是，这些目标责任书签订存档后也就完成了其使命，因为一方面职能部门没有良好的绩效考核指标和客观标准，另一方面每年的年终考核也没有参考目标责任书。"其实，这些目标责任书都是用来应付上级检查用的，没什么实际价值"（访谈对象郭林，2010 年 7 月 27 日）。

在长年累月的日常工作中，国有企业的员工已经对彼此的工作很熟悉，对完成质量也都有着共识性的评价标准。在这种彼此了解、相互监督的群体压力下，每个部门也都能比较客观地评价自己的工作情况。比如在 2009 年年终总结中，院办公室和财务部的自我评价为"圆满地完成了各项工作任务"，人力资源部的自我评价为"较好地完成了各项任务"，而科技开发部的自我评价则是"基本完成了重点工作任务"。总之，对于每个职能部门的工作好坏似乎都有比较准确的认识：

其实，任务完成得怎么样是在日常工作中能够看得到的。你这个部门在职权范围内的各项工作干得怎么样，大家都是看得到的，领导看得到，其他部门也很清楚。因为我们有月度分析会，每周有例会，各项工作完成的情况，都能从汇报中听得出来、看得出来。（访谈对象齐虎，2010年4月15日）

2. 人际关系中的认可竞争

作为熟人社会组织，国有企业里人与人之间几乎都能知根知底。国有企业里人际关系非常复杂，这是一个普遍现象。对于职能部门来说，部门负责人和成员需要处理好与组织领导和其他部门负责人之间的人际关系。

在国有企业，如果某个部门人员跟组织领导走得比较密切，得到的沟通机会和资源支持就会更多，工作任务也会推行得更快，出成绩的可能性更大。通常来说，组织领导对某个部门的认可往往表现为对部门负责人的认可。在获得组织领导认可的同时，职能部门还要获得其他部门的认可，这体现了中国社会中的集体主义传统：

> 如果只获得某个领导的认可，人们心里往往只是看成个人观点，但是如果大部分人都认可，大家就会认为这个部门的工作任务确实完成得很好。（访谈对象郭林，2010年4月16日）

除了这种以组织领导和其他管理人员为对象的非正式精英关系外，职能部门负责人还要处理好群众关系，"在单位里开展工作一定要有群众基础"（访谈对象齐虎，2010年7月27日）。一方面职能部门对同级和下级部门具有明显的实际依赖，具有良好群众关系就意味着拥有忠实的支持者或盟友，就能更好地控制和实现部门的目标或意图。另一方面，这些群众可能拥有非正式的资源，比如某人可能与组织高层有亲属或亲戚关系，往往会影响部门负责人的晋升。因此，国有企业人员拥有很大的"幕后"活动空间。

在实际情况中，工作业绩竞争和人际关系竞争往往是相辅相成的，它们之间的关系随着时代变化有所不同。在计划经济时期，主要是以人际关系为主，谁跟领导走得近，谁更有机会。到了市场经济时期，工作业绩竞争则成了主要手段，人际关系也很重要，但重要性已经有很大程度的降低。

在组织里，这三种演化动力相互影响，共同塑造职能部门的地位。社会层面的制度压力起持续而间接的规范作用，组织层面的授权和部门层面的认可则对部门地位发生直接作用，而授权的影响远远大于认可。因此，从韦伯意义上说，组织里的部门地位结构就是权威结构，社会层面的制度压力为部门地位的塑造提供社会政治和文化上的传统基础，组织层面的授权则为部门地位提供法理基础，而部门层面的认可则构成了部门地位的魅力基础（Weber，1978）。

三　部门地位的演化过程

本质上说，国有企业职能部门的地位演化就是一个正当化和去正当化的过程，在权宜选择和道德义务之间变化（Weber，1978；Berger et al.，1998；Kelman，2001）。在具体实践中，前面讨论的三种部门地位演化动力彼此间会存在着张力。当三种演化动力一致时，具体部门的地位演化就会正当化；反之，部门地位就会去正当化。表3-4展示了北京院所有职能部门在不同时期的地位演化情况。

表 3 - 4　国有企业各个职能部门的地位演化情况

职能部门	1958~1965 年	1966~1977 年	1978~1997 年	1998~2010 年
院办公室	+	+	+	+
科技开发部	+	+	+	+
财务部	+	-	+	+
人力资源部	+	+	-	+
基建条件部			+	+
知识产权办公室			+	+
国际合作部			+	+
党委办公室	+	+	-	-
安全保卫部	+	+	-	-
综合办公室	+	+	-	-
审计监察室			±	-
离退休办公室			±	-

注：+正当化，-去正当化

数据来源：根据 2009 年 10~11 月、2010 年 3~5 月和 7~9 月、2011 年 5~7 月企业访谈和档案整理。

在北京院，院办公室和科技开发部等的部门地位一直处于正当化过程中。1956 年 9 月北京院开始筹备时，院办公室就随之成立，已经获得了先发优势；到 1958 年北京院正式成立时，其他部门才陆续设立，而且这些部门的负责人大多数都在院办公室工作过。无论是人员的成熟度，还是工作的规范化程度，院办公室都有明显的优势。在后面的发展中，院办公室一直在承担来自政府部门或组织层面的重要政治任务或组织变革任务。院办公室的地位已经得到了组织内部的共识性认可："院办本来就应该高半格"（访谈对象郭林，2010年 4 月 16 日）。在筹备期，院办公室只是一个承担前期工作的工具性机构，经过几十年的演化，院办公室作为职能部门中排序第一的地位已经成为大家习以为常的社会性建构现实。

对于科技开发部来说，由于分管北京院最核心的职能管理工作——科研管理，无论是在计划经济时期，还是市场经济时期，其地位都有着天然的正当性，尤其是北京院 1998 年进入央企后，北京院的定位进一步明确为专业直属研究机构，现任院长以前在央企集团总部的科技开发部任副职，上任后更是主动提出为科技开发部增加高素质的骨干人才，这样科技开发部的地位得到了强化。与此相似，由于市场经济中金融和资金的天然优势，财务部的地位也一直在强化中。

基建条件部、知识产权办公室和国际合作部三个部门在 20 世纪 80～90 年代设立时，都只是作为科技开发部下属科室来处理一些新兴工作，属于权宜之计的临时性选择。在 2000 年以后它们相继独立为正处级职能部门，说明它们已经被组织内部认为是理所当然的机构设置了，它们的发展过程也是一个从选择到道德义务的正当化过程。这三个部门本来是北京院应市场经济的经营需要而设，因而在社会制度安排和组织授权方面均获得了积极的支持，而三个部门又通过优秀的工作业绩获得了组织内部的一致认可，"都是控制着重要资源的实权部门"（访谈对象齐虎，2010 年 7 月 27 日），它们的地位一直处于正当化过程中。

与这些部门相反的是，党委办公室、安全保卫部、审计监察室、离退休办公室等部门的地位演化则主要体现为一定程度的去正当化过程。对于这些提供辅助性支持的职能部门来说，在组织授权上都属于边缘辅助性质，"既没有什么权力，也没有什么油水"（访谈对象郭林，2010 年 4 月 16 日），尽管有着政府法规的制度支持，因而无论工作业绩好坏都不能获得较高的内部认可，因而其部门地位或多或少处于边缘

化过程中。作为 1958 年北京院第一届党委选举成立时就设置
的部门，党委办公室在计划经济时期获得了与院办公室、科
技开发部等核心职能部门相当的地位，在"文化大革命"时
期甚至远远高于其他部门。然而，在改革开放时期，组织运
转的制度逻辑已经从政治可靠转变为经济效率，随着院长负
责制的实行以及社会政治环境中的政企分开等措施，党群部
门的重要性就一直处于弱化中，尤其是现任院长将党委办公
室的干部管理权划拨到人力资源部后，党委办公室被进一步边
缘化。如果说党委办公室还能通过党建工作履行一些职责，安
全保卫部在执行不可或缺的安全工作，那么审计监察室和离退
休办公室从设立开始基本上成为装饰性部门，"按照政府的要
求装装样子"（访谈对象齐虎，2010 年 7 月 27 日）。

　　另外，人力资源部和综合办公室的情况相对复杂一些，
它们的地位先是经历了去正当化过程，近几年又在经历正当
化过程。从计划经济时期执掌人事大权到市场经济时期的人
力资源管理，由于市场经济时期个人自由选择机会的增多而
对组织的依赖降低，同时由于工作中经常给人以"面冷不热
情"（访谈对象郭林，2011 年 5 月 15 日）的整体印象，人力
资源部的地位有了明显的降低。而随着对新角色的适应，近
几年人力资源部的地位又有所回升，但是与计划经济时期相
比仍有明显的差距。与人力资源部相似，综合办公室的地位
改革开放之后一直在降低，但是这几年由于其下属的法律事
务部负责合同审查，其部门地位也有所提高。

　　在具体实践中，复杂的正当化或去正当化过程会产生一种
典型的马太效应："凡是多的，还要给他，叫他多多益善；凡
是少的，就连他所有的，也要夺过来"（Merton，1968；Wash-
ington & Zajac，2005；Bother et al.，2009）。这种马太效应通过

促进累积优势来培育"赢家通吃"式的地位分配，促进少数行动者的地位集中化趋势，从而形成某种持续的持权。显然，这种效应的结果就是把组织资源更多地交给少数精英部门，从而导致地位不平等。

四　地位结构及其组织后果

1. 国有企业职能部门的地位结构

在第二轮补充访谈中，曾请五位职能部门负责人和五位业务部门负责人给所有职能部门的地位赋值（满分 10 分）。图 3 - 1 展示了根据两组人员评分的算术平均分得出的北京院职能部门地位曲线。非常有趣的是，这两组人员给出了一致的地位排序。这表明，在国有企业里每个部门的地位是有着组织集体共识的，具有较高的稳定性和客观性，属于"社会构建的现实"（Berger & Luckmann，1967）。具体来说，北京院各个职能部门的地位由高到低依次为：院办公室、科技开发部、财务部、人力资源部、基建条件部、知识产权办公室、国际合作部、党委办公室、安全保卫部、综合办公室、审计监察室、离退休办公室。

由图 3 - 1 可知，北京院职能部门分成了三组：第一组是院办公室、科技开发部、财务部、人力资源部等北京院成立时设立的核心部门，可以称之为"核心管理部门"，一直在承担着主要的职能管理工作；第二组是改革开放时期新成立的重要职能部门，比如基建条件部、知识产权办公室和国际合作部，可以称之为"重要骨干部门"，更多的是满足北京院业务经营的需要；第三组则是由审计监察室、党委办公室、安全保卫部、综合办公室、离退休办公室等部门构

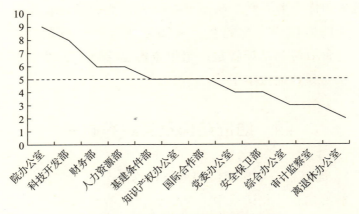

图 3 - 1   国有企业职能部门地位曲线

数据来源：根据 2010 年 9 月 10 位部门负责人（5 位职能部门和 5 位直线
部门）对所有职能部门的评分结果整理。

成的辅助支持性部门，可以称之为"边缘辅助部门"，更多
的是帮助组织在应对政府法规的相关要求上起到缓冲沟通
作用。这些边缘辅助部门直接反映了国有企业制度环境的
理性神话，而非企业工作活动的需要，它们对组织核心任
务起到了明显的缓冲性保护作用（Meyer & Rowan，1977；
Scott，1995）。从权力中心性来看，这三组部门构成了同心
圆式的地位结构（见图3 -2）。这也就形成了组织中的"兄
弟并不平等"现象（Watson，1985）：在组织结构图上属于平
级关系的部门之间的地位实际上并不平等。这种不平等有着
很多方面的实际表现，比如参与高层会议或组织决策的机
会、财务费用等办公资源的分配、员工待遇的分化、人员晋
升和发展的空间、组织成员的尊重和尊敬等。

2. 地位结构的组织后果

按照新制度主义观点来说，国有企业职能部门地位结构
的形成和演化就是一个制度化过程，这种制度化过程有着两
个重要的组织后果。

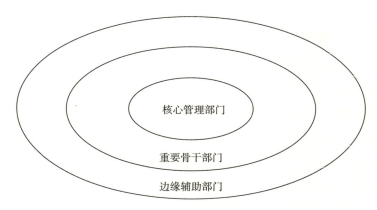

图 3 - 2　国有企业职能部门地位结构

　　首先，高度制度化的地位结构有助于形成部门之间的期望和合作，从而保证工作质量。对于每个部门来说，高度制度化的地位结构形成很大的压力，要求其履行一系列附着于这个部门地位的期望，从而降低组织内部的混乱情况和沟通成本，提高组织活动效率。部门地位也规定了成员的身份认同和行为方式，权利也有了相应的保障。正如郭林（访谈对象郭林，2010 年 4 月 16 日）所说："部门之间应该干什么，不应该干什么，应该干成什么样，大家心里都有个谱。"部门之间相互监控着彼此的工作行为和工作质量，从而形成了部门层面的"协和控制"，也就是韦伯所说的"铁笼子"，构成理性化和结构化的组织秩序（Barker，1993；Weber，1978）。因此，作为一种制度，部门地位结构向组织成员传递着应该怎样行动的含义。

　　其次，高度制度化的地位结构产生了强大的结构惯性（Hannan & Freeman，1984）。一般来说，组织一旦建立，往往会保持其建立时的基本特征，文化、制度、关系等方面的社会结构一旦形成就会阻止变化（Stinchcombe，1965；Boeker，1989；Emirbayer & Goodwin，1994）。一方面这些组织特征可能提供优于其他结构的竞争优势，另一方面可能受到一系列包括既得利益在内的"传统势力"的有力维护，因为它们控制着很多资源，有着广泛的组织影响力（Scott，1998）。从本质上说，地位结构是一个权威规则，界定了每个社会位置的行动（Ostrom，1986）。因此，这种地位结构是一种排他性的社会封锁，旨在牺牲其他群体而保障自己的固有资源和优势（Weber，1978）。

从制度理论来看，这种地位结构是一种典型的"目的性社会行动的意外后果"（Merton，1936）。显然，部门之间的期望协作是组织及组织中的人希望出现的，但是地位结构的惯性显然超出了组织行动者自己的意料。因此，地位结构是隐藏于正式组织结构之下并起实际作用的行动结构，展现了国有企业内部利益部门化的趋势。

这种地位结构意味着国有企业里存在着复杂的社会结构，这个社会结构包含着一个双重现实：一方面体现了"应该怎样"的正式结构，它是一种涵盖了价值观、规章制度和角色期望的规范结构；另一方面体现了"实际上是什么"的非正式结构，它是包括权力、社会经济关系的地位结构。规范结构与地位结构之间既不相互独立，也不完全相同，而是不同程度地相互关联。规范结构为地位结构设定了一些重要的约束，塑造和引导行为，而地位结构又对规范结构具有一定程度上的背离，这种背离也是规范结构变化的重要动力。因此，在每个组织的社会结构中，规范结构和地位结构一般都处于相当紧张、对抗的状态，每一方都在一定程度上独立于对方，同时又在持续不断地影响着对方（Scott，1998）。这种地位结构的存在意味着组织里的很多冲突是组织结构因素引起的，而不是来自组织个体的个性。

如果说正式的组织结构是主要经济约束的产品，那么组织内部非正式的地位结构则更多是一种意识形态的体现，生动地展现了国家和社会力量的深刻影响（Child，1972；Boisot & Child，1988；Ansari et al.，1992）。部门地位的形成是一个典型的结构化过程，一旦被正当化，这种部门地位就会倾向再生产或支持最初正当化它的各种力量（Giddens，1979）。

五　部门地位的演化机制

本章以一家具有 54 年历史的"老国企"为案例研究对象，考察了国有企业职能部门从开始设置到成长再到变迁的完全过程，从而探讨了部门地位的演化机制（见图 3－3）：在社会层面的制度压力、组织层面的授权和部门层面的认可三种演化动力共同作用下，组织内部各个部门的地位会发生正当化过程或去正当化过程，从而促使部门地位结构的形成或变迁。这种演化机制生动地反映了微观层面制度变迁的嵌入性问题，有力地丰富了制度变迁理论。北京院的案例显示，组织内的部门地位演化是一个正当化过程和去正当化过程同时进行的制度化过程，企业内部的地位演化跟国家市场经济体制变革之间的同构性很高，这是因为地位演化背后有着管制因素、规范因素、文化—认知等多种因素在起作用，共同促进部门地位的制度化过程，形成了一套与环境或相关利益者的互动模式，能够适应甚至促进组织的生存，从而保证了组织内部地位结构的稳定性、持续性和开放性（Eisenstadt，1959；Zucker，1987）。因此，国有企业改革不完全是来自政府的理性设计,而是"由不同领域中互为独立的多重过程在特定时间、地点的互动作用所导致的"(周雪光,2009:1)。

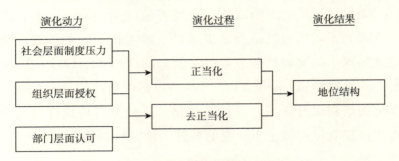

图 3 - 3　国有企业职能部门地位演化

　　这些研究发现表明,组织的正当化过程是一个将新的价值观念制度化的过程,表现出十分复杂的特点。首先,组织自身的独特历史奠定了正当化过程的起点基础。组织正当化过程是一个如何在具体历史条件下不断更新观念的过程,有些由于能够适应新的历史要求得以保留,有些则在去正当化过程中被消除。案例研究显示,创建时形成的部门地位结构与所处时代具有一定程度的同构性,但它会随着制度变迁、组织发展以及最高领导人的更替而发生相应的变化,不过,最初的地位结构给后来的变迁打下了深深的烙印。这个结果证实了组织研究者的早期发现,创建期的历史背景对组织的结构和行为活动有着深刻的影响(Stinchcombe,1965;Beoker,1989)。因此,当前的组织实践奠基于过去,也许层叠着早期留下来的价值和理解,这些文化积淀体现了制度变迁的历史和累积性质,展现了由当时国家意识形态塑造的组织硬核的持久性(Zucker,1987;Romanelli,1991)。对国有企业的职能部门来说,部门地位不仅反映其历史过去,而且也是一种与环境相适应的重新自我定位,因为源自社会认知的正当性判断导致了部门地位的持续和变化。因此，创建时的部门地位为后续演化的范围定下了边界，展示了制度变迁的"路径依赖"特征（North，1990）。

第二，组织的正当化过程展现了中国传统文化的深厚影响。国有企业职能部门的同心圆式地位结构不仅证实传统的"差序格局"（费孝通，1998）赖以滋生的社会条件仍然存在，而且它也适合于推延到部门水平的组织现象，因而具有极大的理论潜力。在国有企业里，这种传统的"差序格局"已经变成了现代的"科层式差序格局"，一方面强调科层等级意义上的职位大小差异，另一方面在资源分配上强调以组织领导为中心的"派系"或"小团队主义"（李猛等，1996；梁钧平，1998；王修晓，2010）。因此，这个科层式差序格局是一种立体结构，"包含有纵向的刚性的等级化的'序'，也包含有横向的弹性的自我中心的'差'"（阎云翔，2006）。

第三，组织的正当化过程反映了组织领导者的重要影响。在组织正当化过程中，组织领导者会主动塑造组织以及组织与其环境的关系，因而使得某些部门更为重要，具有更高的地位（Hoffman，1999）。在计划经济时期，管理者主要遵循国家指令进行组织设计和管理；在市场经济时期，获得了较大自主权的管理者在与不断变化的环境的持续对话中进行选择性行动。在企业实践中，组织领导者的背景、价值观和偏好都会影响他的认知和选择（Hambrick & Mason，1984）。这种现象展现了管理者这只"看得见的手"的作用（Chandler，1977）。

第四，组织的正当化过程反映了这个组织中的人们、组织所代表的群体及其既得利益。制度化过程最重要的意义也许还在于，"向组织灌输当下任务技术要求之外的价值观"（Selznick，

1957：16 – 17）。这种价值观的灌输会出现部门目标逐渐异化的问题，也就是部门的"真正"目标不同于正式或官方目标（Selznick，1957）。比如所有职能部门的设立当初都是为了完成具体的任务，具有明显的工具导向。但是随着任务要求之外价值观的灌输，职能部门不再被看作是一种可消耗或牺牲的工具，人们希望自己所属的部门持续存在下去，从而获得了某种独特而持久的"人格结构"（Selznick，1957）。相应的，部门负责人的身份也会发生相当程度的逆转，他由组织或组织领导所委托的代理人在一定程度上变成部门人员的代理人，其工作目标很大一部分是为下属争取物质利益和发展机会，因为部门负责人的一部分影响力或正当性来自下属的群体认可。这个现象证实了"组织为了生存或成长而出卖自己的目标"（Perrow，1986：163）。

本章通过对北京院的个案研究探讨了国有企业职能部门地位的演化情况：在社会层面的制度压力、组织层面的授权和部门层面的认可三种演化动力共同作用下，组织内部各个部门的地位会产生正当化过程或去正当化过程，从而促使部门地位结构的形成和变迁。由此可知，国有企业中的部门地位是随着历史发展而形成的，组织内外部的多种因素共同推动了它的形成和演化。

第四章　职能部门地位的正当性来源

一　社会政治正当性

社会政治正当性，又叫规制正当性，是指组织被主要股东、公众、政府官员认为是适当的而加以接受，也就是社会政治环境对组织的利益要求，其基础来自现有规范和法律（Scott，1995；Aldrich，1999；Zimmerman & Zeitz，2002；Archibald，2004）。对于国有企业来说，其组织行为和组织形式主要受到计划经济制度遗存、政府法规要求、市场经济机制等三个方面的制约。

（一）计划经济制度遗存

对于国有企业来说，无论其创建于计划经济时期，还是成立于改革开放时期，其组织行为和组织形式都具有或多或少的计划经济制度遗存，比如单位制、党的影响、行政级别、部门设置上的对口现象等。这些制度遗存具有很强的生命力，在相当程度上影响甚至支配着国有企业的内部运转。

1. 单位制

与党和政府机构（行政单位）和国有管理及服务机构（事业单位）一样，国有企业是典型的单位组织。"单位制"

是基于中国社会主义政治制度和计划经济体制所形成的一种特殊组织，是国家进行社会控制、资源分配和社会整合的组织化形式，承担着政治控制、专业分工、生活保障等多种功能（路风，1989，1993；李汉林，2004，2008；李路路等，2009）。

经过 30 多年的改革开放，中国已经基本确立了市场经济体制，社会结构也发生了巨大变化，社会资源配置方式和社会整合方式都发生了很大变化。按照新制度主义理论的观点，制度环境的变化必然造成组织制度的相应变化。与传统单位制相比，国有企业单位制的特征有了三个方面的新变化。第一，管理控制从外部转向内部。在政治功能减弱和经济功能加强的情况下，国有企业已经在一定程度上变成了功能性经济体，管理控制从外部转向内部，国有企业获得了较大的自主权和内部运作空间。第二，企业责任从外部转向内部。在转型过程中，国家资源从社会占有变成了单位所有，国有企业在提高其成员收入及生活水平方面具有强劲的内在动力，并且日益成为一个利益整体，从而使得国有企业的负责对象由原来的国家变成了内部职工。第三，利益依赖从国家依赖转向单位依赖。企业责任的内部化在一定程度上形成了国有企业职工利益共同体，从而加强了成员的同舟共济意识及企业对成员的保障意识，个人与企业之间形成了相当紧密的"利益依赖"关系，再加上失业或下岗的压力以及市场经济的固有风险，使得个人对国有企业的依赖被进一步强化（孙立平、王汉生等，1994；边燕杰等，1996；Naughton，1997；刘平、王汉生等，2008；李路路等，2009）。

尽管国有企业原有的"生活共同体"已经转变为个人的职位和工作场所，企业对国家、个人对单位的依赖性存在着一定程度的弱化，但是中国社会以单位组织为主导的基本格局在短期内还没有发生彻底改变。这是因为中国社会主义制度具有较大程度的延续性，使得国有企业的一些"单位"根本性特征仍未发生明显改变（李汉林，2008）。因此，单位体制发生的是局部变迁而非总体变革。

对于职能部门来说，国有企业仍然在延续计划经济时期单位制的老习惯。一方面，专业意识不足，认为"职能部门的工作没有什么专业性，什么人都能干"。因此，这些部门的职位往往成为国有企业领导人的临时性管理工具，要么成为业务部门人员提升的过渡驿站，要么成为临退休人员的养老岗位。另一方面，国有企业对职能部门的工作人员"使用多，培养少"，工作评价往往从消极角度进行，"没出事就行"（访谈对象齐虎，2009 年 4 月 15 日）。

2. 党的影响

尽管随着市场经济体制的建立，国有企业的经济职能得到了很大程度的强化，然而政治色彩依旧较浓，党的影响依然强大，几乎无所不在（Zhao & Zhou，2005；Chan，2009）。第一，重要问题由党委领导班子集体决策。2008 年 1 月 22 日，中共中央纪委十六届二次全会通过了"重大事项决策、重要干部任免、重要项目安排、大额度资金的使用，必须经集体讨论作出决定"的制度（简称"三重一大"），制度在各个国有企业实行，强化了党对国有企业的控制力。在此政策要求下，各级国有企业制定了具体的实施办法，并提交上级机构备案。第二，各个国有企业均设有独立的党群工作部门。在属于央企二级单位的北京院，设有党委办公室、党委组织部、团委、纪检等党的工作部门，而在属于地方国企二级单位的北京地产则设有党群工作部。总体来说，央企的党组织相关部门比地方国企的要更为健全，地方国企党群部门要么专职人员较少，要么由其他在职人员兼任。第三，国有企业各级单位均设有党组织，以神州油业集团为例，集团总部设有党组，其二级单位北京院、紫禁城石油公司、神州润滑油公司、神州油品销售公司等均设有党委，基层组织设有党支部，体现了"支部建在连上"的党建传统。第四，党组织负责人在组织内部权力位置排序靠前。一般来说，国有企业的党委书记在组织内部的位置有两种情况：一是组织最高领导人（董事长或总经理）兼任党委书记，比如神州油业集团、中原物资集团和北京地产就属于这种情况；二是在最高领导人和党委书记由两人分任的情况下，党委书记在同级组织内部权力位置上排名靠前，比如北京院、神州润滑油、紫禁城石油公司等企业的党委书记排名第二。第五，党管干部。党管干部一直是中国单位组织的传统。在计划经济时期，都是由党委组织部负责干部的选拔和考核工作。目前，相当一部分国有企业的党委组织部与人力资源部合署办公，也就是"一套班子两块牌子"现象，比如中原物资集团和紫禁城石油公司就是这种情况。而在作为地方国企的北京地产，中基层管理人员的任用则是由公司党政联席会议讨论决定。

3. 行政级别

在 8 家国有企业中，除了 2006 年新成立的中瑞公司以外，其余企业的部门负责人以上管理人员均有不同的行政级别，比如北京院、紫禁城石油公司、中原物资集团均属于局级单位，各个职能部门负责人的行政级别均为正处级。研究者在北京院和紫禁城石油公司调研时，引荐人介绍受访者时都是以行政级别相称，比如"李处""王处""朱处"等，基本与政府机构的情况相似。北京地产属于北京市国资委下属集团的二级公司，其董事长的行政级别为正处级、副总经理为副处级，各个部门负责人多为正科级。与央企不一样的是，在北京地产，内部之间主要以职务或拟亲缘相称，比如"谢总""夏总""王姐""张哥"。比较来看，中央企业比地方国企具有更浓的政府色彩，具有更强的身份刚性。这些称呼体现了国有企业的等级性秩序（苏力，2007）。

作为计划经济时期"准身份社会"的产物（李银河，1992），国有企业经理人的行政级别制度并没有随着市场经济的建立而消失，体现了一种制度安排的连续性。在计划经济的体制基础消失后，行政级别这种制度能够继续遗存，主要有两个原因：一是行政级别与物质利益直接挂钩，住房、医疗待遇、公车使用、旅游、出国考察、职务消费等物质利益都是根据行政级别分配，这种对应式挂钩在客观上弥补了国有企业经理人薪酬等物质激励上的不足；二是行政级别制度是政府的组织控制方式，赋予经理人行政级别就意味着政府通过行政级别的提拔和任命来保证自己对国有企业的干预权力，"管住乌纱帽是一种很有效的控制手段"（访谈对象王江，2010年4月1日）。

国有企业里的行政级别制度有着久远的传统，最早可以追溯到延安时期的等级化供应制，比如大、中、小灶干部待遇制度（路风，1993）。这是国家统治将中国社会文化中庇护关系和差异待遇等传统做法引入社会主义体制的工作场所，从而成为政治控制的有力手段，塑造了独特的组织内部权威关系（Walder，1986；周雪光，赵伟，2009）。

4. 部门设置中的对口现象

国有企业的组织机构设置存在着较为普遍的对口现象。北京院的院办公室、财务部、人力资源部、科技开发部、基建条件部等部门在神州油业集团总部均有相应的上级部门，对口现象比较严重：

> 上下级部门之间要求对口，这是国企的一个大问
> 题。如果你没有对口部门，上级机构认为你不重视那块
> 工作，他们检查工作时也习惯于找对口部门。下面就必
> 须设很多部门，但是实际上设置以后很多人经常没事
> 干，工作不饱满。（访谈对象齐虎，2010 年 7 月 27 日）

这种对口要求很大程度上造成了国有企业叠床架屋、人
浮于事的问题，导致组织关系更加复杂，因为各个部门都有
自己的上级靠山。这种对口现象具有跟政府类似的"条条块
块"特点（周雪光、练宏，2011）。以财务部为例，它横向
上直接接受北京院的行政管辖（即"块块关系"），同时在纵
向上接受央企总部财务部的业务领导（即"条条关系"）。究
其根本，这种组织设置中的对口要求具有很长的历史传统。
在计划经济时期，各级单位内部设置上的对口要求更高，基
本上政府具有的各个部门，各级国营工厂、事业单位都会一
应齐全，企业之间组织结构接近于完全同质化，甚至组织的
生存都依赖于与国家指令的严格一致。从制度理论来看，这
种对口现象是一种组织结构上的"紧密耦合"，组织通过对
口要求来指导和约束成员的日常行为，从而也就大大压缩了
组织成员自主决策的空间，保证了组织控制的有效性
（Meyer & Rowan，1977；March & Simon，1958：141 – 142）。

（二）政府法规要求

政府的政策法规对于国有企业有着直接的影响，比如领
导体制、企业重组和内部组织设置。

1. 国家政策法规与国有企业领导体制

一般来说，国家政策法规直接决定国有企业领导体制的变化。十一届三中全会以后，"文化大革命"以前实行的党委领导下的厂长负责制被恢复。1982 年 1 月颁布的《国营工厂厂长工作暂行条例》规定厂长具有行政指挥权，企业党委是企业的领导核心。1986 年 9 月 15 日颁布的《全民所有制工业企业厂长工作条例》和《中国共产党全民所有制工业企业基层组织工作条例》规定，国营企业的法定代表人是厂长，厂长对生产指挥和经营管理工作统一领导，全面负责，国营企业党委的权限是负责企业的思想政治工作。1988 年通过的《企业法》第四十五条进一步规定："厂长在企业中处于中心地位，对企业的物质文明建设和精神文明建设负有全面责任。"中共中央十三大报告特别指出："企业党组织的作用是保证监督，不再对本单位实行'一元化'领导，而应支持厂长、经理负起全面领导责任。"1999 年 9 月，中共十五届四中全会《决定》要求对国有大中型企业实行规范的公司制改革，国有企业相继建立了董事会、监事会、独立董事制度，形成了以董事长为首的领导体制。

2. 国家产业政策与国有企业合并重组

就案例企业的实践来看，国家的产业政策直接影响国有企业的合并重组。比如，1998 年中国石油能源行业一分为三：中石油、中石化和中海油。本书中的两家案例企业（紫禁城石油公司和北京院）就被合并到其中的一家央企，这个合并导致了两家企业的内部机构大调整，比如 2000 年的北京院机构改革和 2004 年的紫禁城石油公司"扁平化"组织变革。

3. 国家政策法规与部门设置

国家政策法规直接影响国有企业内部部门的设置和地位变化。比如，1985 年 1 月，《会计法》的颁布直接提高了财务部门在国有企业的地位。1994 年 8 月，《审计法》的颁布促成了国有企业审计部门的普遍设立。2008 年世界金融危机爆发后，国资委强调国有企业的风险控制，在其主导推进下，国有企业普遍设立了全面预算与风险管理部。同年颁布实行的《劳动合同法》提高了人力资源部门在国有企业人事决策中的重要性。这些变化都是国家政策法规的直接制度产物。

(三) 市场经济机制

中国社会主义市场经济体制的逐步建立导致了国有企业内部结构的巨大变化。1987 年实行的承包经营责任制让国有企业各级管理人员初步建立了市场意识，但是对国有企业职能部门的影响有限，因为被承包的是一线业务生产部门，个人收入跟经营业绩挂钩，但职能部门拿的是平均奖，"旱涝保收"（访谈对象齐虎，2010 年 4 月 16 日）。1993 年 11 月，中共十四届三中全会通过了《中共中央关于建立社会主义市场经济体制若干问题的决定》明确提出国有企业改革的方向是建立"适应市场经济和社会化大生产要求的产权清晰、权责明确、政企分开、管理科学"的现代企业制度，促进了国有企业内部结构的变化和重组。

1. 职能部门的精简和重组

第一，生产辅助部门的精简或剥离，比如劳保部门、保卫部门、消防部门等跟政府单位直接对口的部门基本完成了精简或市场化，其功能通过市场化方式来解决，比如与专业保安公司签订合作协议。第二，承担社会功能的部门被剥离，交给地方政府，比如子弟学校、医院、物业公司等，以前中原物资集团的总部设有公安管理部门，子公司有自己的派出所，2004年改制后全部移交给了地方政府。第三，职能部门的功能发生了很大的变化，比如财务部以前只是记账部门，现在更多承担投融资管理的功能，会计工作只是其中的一小部分。

2. 职能人员的减少

在计划经济时期，国有企业的职能岗位一般依照国家政府的对口要求来设定，"职能人员往往占到总人数的30%~40%"（访谈对象齐虎，2010年7月27日）。在市场经济时期，职能部门岗位的设定往往遵循两个标准：一是企业内部运营需要，二是因岗定人。在这两条标准下，国有企业实行了比较严格的定岗定编管理制度。这样就有效地控制了职能人员数量的膨胀，比如北京院全部员工有1114人，而职能部门人员只有53人，比例仅为总人数的4.76%。

3. 收入的分化

在计划经济的再分配体制下，国家通过劳动人事制度严格划分了劳动者的不同身份：干部（含技术序列）和工人，工资制度规定了工人的不同等级。但在平均主义的原则下，干部和工人之间以及不同等级工人之间的收入差别不大，干部和工人的身份差异，只是"社会分工不同，没有贫富贵贱之分"（访谈对象勾杰，2010年4月2日）。

在市场经济时期，国有企业内部出现了较大的收入分化。第一，管理层与普通职工的收入差距加大，这主要是行政级别造成的身份地位在收入差别上的体现，因为只有干部或管理层享有企业年底分红的机会，比如在神州润滑油，

"哪怕 80 岁的处长跟 20 岁的处长，收入基本一样，我们实行年薪制，相当于岗位工资，你在这个岗位上就是拿这个钱"（访谈对象勾杰，2010 年 4 月 2 日）。表 4 - 1 统计了 2006 ~ 2009 年北京地产最高管理人员与出纳员的年薪情况。

表 4 - 1　2006 ~ 2009 年北京地产董事长和出纳员年薪对比

单位：元

职务	2006 年	2007 年	2008 年	2009 年
董事长	262574.00	379383.52	519822.00	844986.00
出纳员	41346.36	67336.96	74198.00	68489.75
比率（倍）	6.35	5.63	7.01	12.34

资料来源：根据 2006 ~ 2009 年北京地产工资台账整理。

统计结果显示，第一，内部的收入差距随着公司业务规模的扩大而进一步扩大，最高领导人与普通工作人员的收入差距从 2006 年的 6.35 倍扩大到了 2009 年的 12.34 倍。第二，普通职工之间的收入差异，主要由学历、专业性等人力资本方面的原因造成。第三，正式工与劳务派遣工之间的差异，这是企业用人制度上的区别。

以北京院为例，计划经济时期的普通员工与院领导之间的收入比为 1:1.5，20 世纪 80 年代的收入比大约为 1:3，现在则为 1:15。截至 2010 年，院领导的年薪大约为 30 万，其他还有职务津贴，部门负责人（正处级）的年薪为 15 万，普通研究人员的月薪为 3000 元左右，而以劳务工身份从事一线实验工作的大学生每个月只有 1000 多元的收入。在北京院，无论是局级还是处级，正职与副职之间的薪酬收入之比为 1:0.8。

计划经济制度遗存、政府政策规范要求和市场经济机制

构成了国有企业内部运转的三个制度性约束，每一个都代表
了利害相关者的利益诉求，从而共同支配着国有企业内部结
构的变化、重组和运转。在高度制度化环境中，如果组织能
成功地从规范性来源中获得正当性，它们将更有可能生存下
来（Meyer & Scott，1983；Baum & Oliver，1991）。因此，国有
企业的组织变革跟国家市场经济体制转型有着很大的同构
性，展现了组织对制度压力的回应（Oliver，1991）。

二　认知正当性

认知正当性是指社会把某种事物当作环境理所当然的组
成部分来接受，这就涉及了社会的构成性规范和信念（Such-
man，1995；Archibald，2004）。构成性规范和信念创造了意
义、预测和信任的印象，从而提高了可理解性。认知正当性
来源于广泛持有的信念和理所当然的假定，展现了外在文化
观念对人们行为的塑造（Scott，1995）。对于国有企业来说，
在认知方面主要受到现代企业管理观念和部门历史两个方面
的约束，前者反映了新观念的影响，而后者反映了历史认知
的积淀。

（一）现代企业管理观念

改革开放以来，西方管理理论和管理工具在国内的引进
和应用改变了中国社会各界的管理理念。8 家案例企业基本
上都在不同程度上采用了西方企业管理模式。从职能部门来
看，主要体现了下面几个方面的变化（见表 4 - 2）。

表4-2　国有企业现有职能部门统计

企业名称	成立年份	职能部门
紫禁城 石油公司	1950	经理办公室、思想政治工作处、财务资产处、企业管理处（法律事务部）、人力资源处（兼党委组织部）、审计处、纪检监察处（纪检办）（7）
北京院	1958	院办公室、科技开发部、财务部、人力资源部、基建条件部、知识产权办公室、国际合作部、安全保卫、党委办公室、综合办公室（法律事务部）、审计监察室、离退休办公室（12）
紫禁城 计算中心	1973	办公室、党委办公室、人力资源部、财务部（4）
中原物资 集团	1990	办公室、经营计划部、财务部、审计部、党委工作部、全面预算与风险管理部、人力资源部（7）
北京地产	1998	财务部、总经理办公室、党群工作部、人力资源部、审计法务部（5）
神州 润滑油	2002	经理办、财务部、人力资源部、党群工作部、审计纪检部、综合管理部（6）
神州油业 销售公司	2005	办公室、人事处、财务部、劳资处、政治思想工作处、监察室、审计处（7）
中瑞公司	2006	财务部、综合办公室、人力资源部、企划部（4）

注：括号中的数字为职能部门的数量。

资料来源：根据2010年3~7月企业访谈和档案数据整理。

第一，职能部门日益精干。从表4-2看，除了北京院，所有国有企业职能部门都变得非常精简，范围为4~7个部门，尤其是神州油业下面的二级公司均为六或七个职能部门，表现了极大的同构性。相对来说，北京地产和紫禁城计算中心的职能部门更少，组织设计展现了更高的市场化色彩。与此可以对比的是，作为央企三级机构的中瑞公司，由于成立较晚，也是完全按照市场化思路来设置的。紫禁城计算中心、北京地产、中瑞公司三家均处于竞争性行业，他们的职能部门非常精干，均为 4～5 个。因此，从组织部门设置与环境的关系来看，职能部门越少的公司，其市场化程度越高。

第二，国有企业职能部门的设置思路从计划经济时期的上行对口要求转变为现在的市场化要求（即满足内部功能需要）。作为 1958 年成立的老国企，北京院现在的部门设置虽说在一定程度上延续了计划经济时期的基本框架，但部门职能已经发生了很大程度上的变化，比如院办公室基本上变成了内部服务部门，外联工作大大减少。同时，按照业务运营需要和效率要求进行了部门调整，比如将基建条件部和知识产权办公室从科技开发部独立出来，并独立新设了法律事务部和企业改革管理部。作为 2002 年组建成立的集团直属公司，神州润滑油的职能部门完全按照业务需要来设置。1998年成立的北京地产，除了党群工作部，其他部门的设置与完全市场运作的民营房地产公司在组织机构上几乎没有什么差异。2006 年成立的中瑞公司，完全根据工作需要来进行部门设置，甚至没有单独的党群组织。

第三，部门名称上的变化。从整体来看，部门名称已经基本完成了市场化变更。紫禁城石油公司的职能部门，除了思想政治工作处和纪检监察处（纪检办）两个具有明显政治色彩的部门，其他部门名称已经与国内外同行企业没有什么差异；在北京地产，除了党群工作部，其他部门均属于市场化设置；而中瑞的所有职能部门完全是为了满足企业内部运营需要。从单个职能来看，不论是从计划经济时期建立的老企业，还是改革开放时期新创的企业，所有案例企业的人力资源管理部门名称基本都是较为统一的"人力资源部（处）"。

第四，设置新的部门。在国有企业，很多部门都是新设的。计划经济的国营工厂基本没有独立的营销部门，设立的是更多承担生产部门辅助功能的"供销科"；随着市场经济的建立，国有企业才相继建立独立的营销部门，销售部与市场部分开。审计部门也是20世纪90年代后才开始设置的。在北京院，国际合作部以前叫外事办，是1985年新设的部门，负责对外交流工作。1985年，北京院设立了技术经营办公室，负责技术推广和销售工作，但在1998年北京院进入神州油业后被裁撤。

这些职能部门上的设置或变化，粗略地反映了国有企业对西方管理方式的学习和应用，也是现代管理观念对中国管理实践的影响。改革开放30年，也是中国企业学习西方企业管理方式的30年，经历了政府主导到企业自觉学习的转变过程。1979年，邓小平访美期间与卡特总统签订了培训中国企业管理人才、引入哈佛案例教学法的中美合作协定书，开创了学习西方企业管理方式的先河，逐步兴起了中国学习西方现代管理技术的高潮（苏勇、刘国华，2009）。截至目前，通过政府培训项目、管理教育、媒体和出版推广、外企示范、咨询项目等学习途径，西方管理方法在中国不同类型企业中得到了不同程度的使用。波士顿矩阵法、SWOT分析法、学习型组织、事业部制、全面质量管理、平衡积分卡、关键绩效指标、胜任特征模型、客户关系管理、业务流程再造、核心竞争力等各种西方管理方法对中国企业产生了持续而强有力的影响。对于这些管理方法及其应用，中国企业管理人员也许有着不同的理解甚至误解，但是有一个事实可以肯定：国外一流企业的管理制度、组织形式和操作流程都已经成为国内企业努力效仿的标准，西方企业管理方式已经在中国社会获得了主导性话语权/"霸权"（Gramsci，1971；Fairclough，1992）。

自古以来，中国文化有着以常识理性（常识和人之常情）为合理性标准的正当性论证结构，经过新文化运动的冲击后，传统常识理性转化为以科学真理（具有可变性以及不断接受客观事实检验）为核心的现代常识理性，从而形成了当代中国的正当性论证结构（金观涛、刘青峰，2001）。对于中国企业界甚至中国社会来说，在某种程度上已经形成了以西方管理理论为基础的现代管理常识，按照西方企业管理模式进行组织设计或调整已经被看成理所当然的，也就是说西方企业管理方式已经获得了充分的认知正当性：

> 就我身边的同事和朋友来看，大家都觉得学习国外公司的先进管理模式是顺理成章的。（访谈对象董洁，2010年2月21日）

（二）部门历史

表4-3展示了北京院部门地位与部门历史之间的关系。一般来说，成立年份越早，提级时间越长，部门地位越高；在地位结构中，新的部门都会处于较低或边缘的位置。当然，也有几个例外情况，比如党委办公室（1958年成立、1984年提升为正处级）、安全保卫部（1958年成立、1987年提升为正处级）和综合办公室（1961年成立、2000升为正处级）排序相对靠后，主要是因为其他正当性上的影响，图3-2展示的地位结构也说明了这个问题。

表 4-3　部门地位与部门历史：以北京院
（1956～2012 年）为例

职能部门（地位由高到低）	部门历史		正处级提升	
	成立年份	存在时间（年）	提升年份	存在时间（年）
院办公室	1956	56	1984	28
科技开发部	1958	54	1984	28
财务部	1961	51	1987	25
人力资源部	1962	50	1984	28
基建条件部	1984	28	2000	12
知识产权办公室	1992	20	2008	4
国际合作部	1987	25	2000	12
党委办公室	1958	54	1984	28
安全保卫部	1958	54	1987	25
综合办公室	1961	51	2000	12
审计监察室	1986	26	2000	12
离退休办公室	1982	30	1994	18

数据来源：根据 2009 年 10～11 月、2010 年 3～5 月和 7～9 月、2011 年 5～7 月企业访谈和档案整理。存在时间截止到 2012 年。

部门历史是部门地位的一个重要来源，代表了过去的努力和成绩的价值（Ashforth & Gibbs, 1990）。部门历史主要体现为设立时间和级别提升时间。首先，无论是在人际关系和心理认知上，还是组织资源上，先设置的部门都会占有明显的在位优势。比如 2002 年神州润滑油公司刚成立对各地润滑油业务进行整合时只有两个职能部门——财务部和综合管理部，到 2003 年完成业务整合而进行组织建设时，财务部门只有增加人员的变化，而综合管理部则一分为四：经理办公室、人力资源部、审计纪检监察部和党群工作部，从而形成了职能部门以财务部为首的格局。在 2006 年成立的中瑞公司中，综合办公室是筹备时就成立的部门，财务部、人力资源部、治安部等部门都是从综合办公室分出来的，这些部门的负责人很多都是综合办公室主任的手下，即使独立成平级部门后，这些部门负责人依然对老领导非常尊重。

其次，部门级别的提升既是对过去部门地位格局的改变，也是对一些部门地位的确认，更是对未来部门地位格局的塑造。1984 年，北京院由副局级单位升级为正局级单位，1985 年院办公室、科技开发部、人力资源部等部门与一线研究室同时提升为正处级部门，而财务部直到 1987 年才提升为正处级部门，又因为院办公室统管"机关口"（即总部职能部门），就形成院办公室比其他正处级职能部门"高半格"的格局，至今未变。

三　组织正当性

在市场经济中，现代制度秩序使得组织日益个性化，并把组织塑造成自动的、一致的且更有道德责任的独立行动者（Zucker，1977；Suchman，1995）。组织正当性是组织为了满足业务运营需要而在内部结构上产生的个性化要求，来自组织战略对组织结构的要求，这也是企业里各部门地位的组织来源。从关系归属来说，它是对职能部门作为组织必要构成部分的正式确认（Bitektine，2011）。在国有企业里，部门地位的组织正当性来源主要有三个方面：主营业务特点、组织发展阶段和部门角色定位。

（一） 主营业务特点

组织环境的不确定性很大程度上决定了组织结构和内部行为。组织的主营业务直接反映了所在行业任务环境的特点，因而很大程度上决定了组织内部部门和职位的设置和变化。表4-4展示了案例企业的主营业务和排名靠前的两个职能部门。

由表4-4可知，排名靠前的职能部门主要为两类：财务部和总经理办公室。其中，承担明确经营业绩任务的企业都是财务部门排名第一。总经理办公室排第一的企业又分为两类：北京院和中瑞公司均为科研机构，其主营业务为科研产品，而不是销售业绩；神州润滑油和神州油业销售公司则是神州油业的总部管理部门，不直接承担销售任务。下面再以北京院和北京地产为例进行讨论。

表4-4 主营业务特点与职能部门地位

案例企业	主营业务	地位靠前的职能部门	
		排名第一	排名第二
北京院	石化工业应用研究	院办公室	科技开发部
紫禁城石油	石油石化成品销售	财务部	总经理办公室
神州油业销售	石油石化产品销售	总经理办公室	人事处
神州润滑油	润滑油冶炼和成品销售	总经理办公室	财务部
北京地产	住宅商品房开发	财务部	总经理办公室
紫禁城计算中心	大型计算服务	财务部	办公室
中原物资集团	物资贸易	财务部	总经理办公室
中瑞公司	电力设备研发	总经理办公室	财务部

数据来源：根据2009年10~11月、2010年3~5月和7~9月、2011年5~7月企业访谈和档案整理。

北京院是从事石油化学工业应用研究的科研企业，其研究内容和对象来源于实际工业生产，研究成果直接应用于工业生产，其组织目标不是做理论研究，而是要开发出真正能够应用于实际生产的技术创新成果。因此，在北京院的职能部门中，财务部和人力资源部仅仅拥有相对靠前的地位，而跟主营业务直接相关的科技开发部则拥有更高的地位。

与其他房地产企业一样，北京地产的主营业务具有产品不可流动、产品一次性开发、资金运作量庞大、资源整合要求高、投资周期长等特点。公司业务运营上的这些特点让北京地产形成了以项目子公司作为基本运营单位、总部职能部门提供专业支持的矩阵式组织结构，为项目子公司提供各种支持是总部职能部门的主要工作职责，提供的关键性支持越多，组织内部的地位越高。因此，财务部是北京地产地位最高的职能部门，地位仅低于业务部门中的研发部和市场营销部，主要在于它在各个项目的融资、现金流管理、资金规划等方面的独特作用，"因为如果财务没有融到资金，你就拿不下地，后面的事就免谈了"（访谈对象董洁，2010 年 2 月 21 日）。总经理办公室则帮助各个项目提供各种资源整合上的支持，尤其是各种政府部门环节的协调疏通，因此地位也很高。

（二）组织发展阶段

研究表明，组织发展主要有创业、集体化、规范化和精细化四个阶段（Greiner，1972，1998；Quinn & Cameron，1983）。组织每进入一个新阶段，也就进入了与一套新建规章相适应的全新阶段，而这些规章则阐述和规定了组织内部各个功能如何发挥作用，从而影响各个部门的地位变化。

表4-5 国有企业发展阶段对职能部门的要求

对职能部门的要求	组织发展阶段		
	集体化	规范化	精细化
规章制度建设	建立和完善规章制度	强化规范化程序	规范化已经成为组织氛围,不再强调
专业化建设	开始引进专业人才	引进专业人才,提倡工作的专业化	部门职责调整,进一步培养人才
部门经费	预算控制较松	开始控制费用	压缩办公经费,进行人员成本-产出比例分析
人员编制	控制较松	开始控制人员编制	严格控制甚至压缩人员编制
对业务部门的支持	达到基本要求即可	开始强调对业务的支持	强调对业务部门的支持
典型企业	中瑞公司	北京地产、中原物资集团	北京院、紫禁城石油公司、神州润滑油公司、神州油业销售公司、紫禁城计算中心

数据来源:根据2009年10~11月、2010年3~5月和7~9月、2011年5~7月企业访谈和档案整理。

表4-5统计了各个国有企业目前所处发展阶段以及对职能部门的要求,从中可以看到这8家国有企业分别处于不同的发展阶段,这些发展阶段对其职能部门有着不同的要求。首先,处于集体化和规范化阶段的企业都强调职能部门的规范化建设,引进专业人员,提高工作的专业化程度,以促进组织业务的快速成长;在这两个阶段,除了对业务的支持,部门工作的规范化建设和专业化程度都有助于部门地位的提高。比如在北京地产,从2007年起强调各个职能部门引进专

业硕士研究生，2008 年加强对行业标杆企业各个工作流程和管理制度的学习。

其次，处于精细化阶段的企业强调职能部门对主营业务的支持，压缩或维持人员编制和部门经费，根据业务需要对职能部门进行调整，对业务的支持则成了职能部门地位的主要来源。比如在紫禁城石油公司，以前各个职能部门只是规则制定者，经过 2004 年扁平化管理改革后，职能部门既是规则的制定者又是规则的执行者，强调制定好的规则来支持业务部门，从而直接承担所制定规则的工作后果。

总之，处于集体化和规范化阶段的企业既强调职能部门对主营业务的支持，也强调职能部门的自身建设。但是，处于精细化发展阶段的企业则主要追求职能部门工作的价值最大化，尤其强调在良好性价比的条件下支持业务。

（三）部门角色定位

部门职能定位就是职能部门所承担任务的具体职能角色。一般来说，职能部门具有三个职能角色：经营职能、管理职能和服务职能。经营职能是指职能部门参与或主导公司重大经营决策及相关工作；管理职能是指履行基本的职能管理职责；服务职能则主要指为其他部门提供辅助性支持或服务。表 4 - 6 展示了北京院所有职能部门扮演的职能角色。

表 4 - 6　国有企业职能部门的角色定位（以北京院为列）

职能部门	服务职能	管理职能	经营职能
院办公室	√	√	√
科技开发部	√	√	√
财务部	√	√	

职能部门	服务职能	管理职能	经营职能
人力资源部	√	√	
基建条件部	√	√	
知识产权办公室	√	√	
国际合作部	√	√	
党委办公室	√	√	
安全保卫部	√		
综合办公室	√	√	
审计监察室	√		
离退休办公室	√		

数据来源：根据 2009 年 10～11 月、2010 年 3～5 月和 2011 年 5～7 月企业访谈和档案整理。

由表 4-6 可知，有的部门同时承担了三个职能，有的承担其中两个职能，有的则只承担一个职能。很显然，能够承担更多职能的部门具有更高的地位。在其他 7 家案例企业中，每个企业都有一两个职能部门在承担管理职能或/和服务职能的基础上承担或履行了经营职能，比如北京地产、紫禁城石油公司和中原物资集团的财务部门，它负责公司最为关键的资源——资金的融资、规划和管理。大多数部门则只承担管理职能或/和服务职能，比如人力资源部门；有些部门则只是标准的服务部门，比如北京地产的党群工作部。

在国有企业，职能部门必须保证本职工作任务的完成质量，这是提升或维持部门地位最根本的基础。正如徐军（2010 年 3 月 23 日）所说："做好业绩，这是第一位的，过去可能关系更重要，现在关系也很重要，但是相对来说业绩更重要。"但是本职工作的评价标准是随着组织发展而变化的，其根本的原则在于部门工作是否适应公司的发展。工作评价涉及两个维度：一是本职工作本身的质量和效率，二是部门工作与公司业务之间的适应性。就北京地产人力资源部来说，不仅要做好日常人力资源管理工作，比如招聘、培训、绩效考核、薪酬等，而且要进行大量的高级人才储备工作，因为北京地产正处于高速扩展阶段，未来的人才缺口很大。于是，北京地产人力资源部一方面加强内部管理人才的选拔和培养，另一方面与各种人才机构进行长期合作，让他们帮助留意行业里正处于成长期的年轻人才，并建立动态的行业人才数据库。

四　个人正当性

个人正当性是指组织中重要个人对职能部门的要求和影响。它反映的是韦伯所说的魅力型权威，是相对不稳定的个人影响力。自 1978 年以来，以"放权"为中心的一系列改革在某种程度上引起了国有企业里的管理革命，管理者尤其是中高层管理者获得了一种支配性的优势地位（Lu，1996；Chandler，1977）。在国有企业中，对部门地位产生主要影响力的主要有三类个人：组织最高领导、分管领导和部门负责人。

（一）组织最高领导

越来越发现一把手就是一把手，他不说的事谁也办不成，他说要办的事情，谁拦着也没用。（访谈对象郭林，2010 年 3 月 10 日）

郭林在访谈中如此强调北京院院长的一把手影响。其他企业也有类似的现象，比如在董事长的强烈个人风格影响下，中原物资集团正在形成"家天下""家族企业"的一些特点，比如权力高度集中、裙带关系。因此，一把手的决定性影响在国有企业是普遍存在的，很多时候几乎达到"一言堂"的地步。这是中国企业广泛存在的"美猴王"现象，因为企业有一个权力结构过于集中的组织层级，位于组织层级的最高层存在一个如同孙悟空一样的人物（梁钧平，1998；冯军旗，2010）。国有企业的"一把手"一般为董事长、总经理、厂长等。自1978年以来，国有企业改革一直强调扩大企业自主权，其结果则主要是扩大了组织领导人的自主权，组织领导人的管理空间获得了极大拓展。

总体来说，一把手的个人风格主要受到以往工作经历、强化个人权威和个人注意力重点三个方面的影响。首先，领导人过去的经历背景影响现在的管理风格。张斌过去在神州油业总部从事科研管理工作，2005年由科技开发部副主任调任北京院院长。到任后，张斌主动帮助科技开发部增加了四位高学历人才——两位博士和两位硕士，这既可以理解为积极推动北京院的科研工作，也反映了他过去总部科研管理经历的影响。在2005年底绩效考核中，张斌把院办公室的考核成绩直接由A等调整为C等，并且曾经明确地说："办公室永远是最低的，不能把分打高了。"这一做法让往年考核成绩一直为A等的院办公室人员很难接受，无奈地感叹："个人因素太强了。"（访谈对象郭林，2010年7月27日）后来，张斌又把规章制度的管理权限从院办公室挪到科技开发部。张斌对办公室的"压制"反映了其过去经历对现在管理方式的直接影响，因为"他在总部工作时似乎与办公厅的关系不是很融洽"（访谈对象郭林，2010 年 7 月 27 日）。北京地产董事长刘刚工程管理硕士毕业，一直从事工程管理工作，形成了严谨客观的工作风格。担任北京地产一把手后，刘刚一直以公司发展需要来看待和调整各个部门，尽量摒弃个人喜好的影响。这些事例反映了"高阶理论"的观点，组织结果或行为可以部分地通过高层管理者的背景特征来预测和解释（Hambrick & Mason，1984）。

其次，领导者有着强化个人权力的动力和欲望。由于平均主义传统和薪酬制度的影响，国有企业里的个人薪酬待遇是身份刚性的，跟行政级别挂钩。这样，决定个人行政级别的人事权就变得很关键，企业领导层中的人事权争夺一直很激烈。在北京院，原来一直有邀请退休老领导参加重要人事会议的传统，2005 年张斌到任后，不再邀请老领导参加，主要是因为很多老领导往往会在会议上提出很多与他想法不一致的意见，导致他的一些意图不能顺利实施。另外，张斌把原来一直由党委办公室掌握的干部管理权划分到人力资源部，因为人力资源部由他管，而党委办公室则归党委书记管，这是中国"党管干部"的传统。拥有干部管理权后，领导者则可以加强自己对组织的控制，有利于实现自己的想法和目标。在神州润滑油下属的基层工厂，一把手对人事权控制得更紧，甚至"连一个工人的工作调动都需要厂长点头"（访谈对象勾杰，2010 年 4 月 2 日）。当人们能从操纵规则中获益时，他们就会操纵规则（Hatch，1989）。因此，国有企业的地位结构后面充满了权力博弈的影子。

最后，领导对某项工作或职能的重视。在访谈过程中，很多受访者谈到自己部门能够顺利开展工作，在组织内部有地位、有影响力，最主要的因素是领导重视。这里谈到的领导重视，实际上是某项工作进入了领导者的"注意力结构"
（March，1994）。财务资产处在紫禁城石油公司内部具有很大
的影响力，首先是因为"一把手重视财务，财务地位才会高，
你才会有话语权，才会有影响力"（访谈对象李琴，2010 年 3
月 17 日）。在中瑞公司，由于董事长的大力推动，公司上下
就以未来发展的角度去设置和定位职能部门，于是职能部门
获得了超过实际业务需要的发展空间和速度。对于这种"领
导重视"现象，勾杰曾有以下精彩描述：

> 领导如果对这个活儿很重视，肯定就能干好，如果
> 不重视，有些事想干好也不容易。在企业里面，领导重
> 视，事情就比较好做，这是无形的力量。我们经常讲一
> 句话："领导非常重视"，虽然华而不实，但就得天天
> 讲，而且可能要一直讲下去。任何活动的总结中，都会
> 有这样的套话："这次活动搞得很好，主要得益于这几
> 个原因，第一个原因是领导十分重视……"如果某项工
> 作是"一把手工程"，那你就要做了，这活儿也就好干
> 了，其他人都会很配合。因此，领导重视是最重要的因
> 素。（访谈对象勾杰，2010 年 4 月 2 日）

在引起或获得领导重视的过程中，需要做出业绩，让领导
看到成果，并且需要经常并及时地跟领导沟通工作进展。然
而，由于领导"注意力的持续时间和能力是有限的"（March，
1994），因此在国有企业里让领导重视某项工作是"一个复杂
而灵活的技术活儿"：

> 如果领导本来就重视这项工作，事情相对比较简

单，只要把工作做出色就好了。如果领导对这项工作不太重视，那么事情就比较复杂，需要灵活处理。首先可以获得领导的上级领导重视，曲线救国，其次就是让这项工作符合企业或社会的大环境要求，顺势而为，再不济，就要把这项工作向领导重视的事情靠上去，拉近关系。（访谈对象郭林，2010 年 7 月 27 日）

（二）分管领导

与一把手既管人又管事不一样，分管领导只管事，并且他分管也是替一把手分管。（访谈对象徐军，2010 年 3 月 23 日）

徐军如此描述一把手与分管领导之间的关系。在国有企业，分管领导对职能部门的影响受到几个方面因素的制约。

首先，分管领导在领导团队中的名次排序。排名靠前领导分管的部门地位也相对靠前，"主管领导牛，你的部门就牛"（访谈对象郭林，2010 年 3 月 10 日）。其次，分管领导与一把手的私人关系。比如神州油业分管销售的副总经理与前任总经理"关系很好，当年在浙江工作时是铁哥们，有什么事可以直接跟大老板对话"（访谈对象王江，2010 年 4 月 1 日）。在这种关系庇护下，神州油业油品销售事业部拥有下属干部的人事权，因而销售事业部人事处的地位很高。而在前任总经理因腐败问题被拘后，销售副总经理跟继任总经理只有正式的工作关系（继任总经理把销售副总经理看作上届领导班子成员），总部人事部随之收回了油品销售事业部的干部人事权，从而导致油品销售事业部人事处的影响力损失大半，几乎沦为办手续的部门。最后，分管领导的个人风格。如果分管领导比较强势，也爱"护犊子"，他会帮助分管部门争取资源，"罩着自己分管的部门"。但是，如果部门工作本身跟主营业务离得远，"既没有什么权力，也没有什么油水，分管领导往往也就是几句漂亮话就打发了"（访谈对象孟力，2010 年 3 月 17 日）。

分管领导的影响体现了地位的"渗透性"，一个群体行动者的地位会受到与他交往的人地位的影响，而且地位也会在同一个行动者的不同活动领域之间渗透（Podolny，2005）。这种渗透性表明国有企业里具有一种高度制度化的庇护关系（Walder，1986）。

（三）部门负责人

部门负责人的个人因素对部门地位也有直接的影响。首先，资历。资历深厚的部门负责人有更多参与重大决策或任务的机会，从而获得更多话语权。中国文化有着论资排辈和尊敬长者的传统，资历深的部门负责人容易得到更多人的认可和尊重，他们会对公司各方面的情况了解得更深入，考虑问题也会更全面，因而公司领导会把重要的或艰难的任务交给资深管理人员来负责，"老将出马，一个顶仁"（访谈对象郭林，2010 年 4 月 16 日）。其次，工作能力。这里的工作能力主要是部门负责人对本部门工作的统筹规划能力，能否有效地完成本职工作，解决工作相关的问题，包括本部门的问题、部门之间的问题，解决公司领导的问题以及下属单位的问题。最后，个人品德。在中国，品德与个人的影响力有着直接的关系。在国有企业，为人真诚、办事实在和处事公平的部门负责人会得到公司上下的认可和信任。

1985～1994 年担任北京院办公室主任的齐虎，就是在资历、工作能力和个人品德方面均非常优秀的管理人员。比如每年都主持全院年底的奖金分配，帮助院长处理领导层的矛盾，跟各个部门负责人沟通协调，达成利益平衡，必要时还可以跟院长吵架，因为他"年轻时是跟院领导一块在基层一线搭班子，摸打滚爬上来的，有着千丝万缕的联系"。久而久之，院办公室的地位得以逐步提升，"小到单位门口的自行车摆放，大到科技项目申报，都可以管"（访谈对象齐虎，2010 年 4 月 9 日）。齐虎本人在 1994 年被提升为行政副院长，也是北京院 50 多年历史上第一位提升为院领导的院办公室主任。

在国有企业里，部门负责人很多时候是在作为部门或其属下的代理人而行动。他在部门里的影响力很大程度上来自能为属下谋取多少晋升机会、发展空间、物质利益。因为部门负责人是在有限范围里寻求部门的生存和发展空间。

五　功能正当性

功能正当性是部门基本职能的自身要求，也就是部门存在的基本理由。这些基本职能的价值主要体现为主营业务接近度、资源控制和风险控制。

（一）主营业务接近度

与战略权变相关的是职能部门与组织主营业务的接近程度。与主营业务距离越近，部门的重要性越高。如前所述，很多职能部门已经具有经营职能，直接参与经营活动，比如北京地产和紫禁城石油公司的财务部门都参与组织重要经营活动，但是北京院的财务部门则不太参与经营活动，更多的是履行传统的会计功能。由于跟组织一把手联系紧密或直接由一把手领导，北京院办公室也经常参与或接触组织经营活动。

与这些部门相反的是，党办、工会等部门就与主营业务相对较远，在大家的眼中重要性就相对较低。然而，有趣的是，分管这些党群部门的各级管理人员也希望接近或参与业务一线，比如北京院党委书记强调"围绕科技创新来进行党支部建设，党员要在科技创新中发挥模范带头作用"（访谈对象郭林，2011 年 3 月 25 日）。

（二）资源控制

获取或拥有资源是企业经营成功的重要条件（Yiu et al.，2005）。对于组织内各个部门来说，情况也是如此。在国有企业，有两类资源最为重要：财务资源和人事资源。在市场经济中，财务资源的重要性日渐增加，已经成为组织发展的第一要素，因而财务部门就具有更大的影响力。

与财务资源主要作用体现在组织发展上不同，人事资源则在组织和个人两个层面上的作用都很明显，尤其是个人层面更为关键，因为这会涉及个人的升迁和物质利益。在计划经济时期，个人基本上完全依附单位，工资跟级别挂钩，人事部门控制职称级别调整、提干、干部考核等权力，因而对个人命运有着决定性的影响。进入市场经济后，尽管个人有了很多职业机会选择，但是在国有企业内部，职务任免和级别升迁仍然是最重要的个人问题之一。除了任免升迁，奖金等物质利益也是非常重要的资源。

（三）风险控制

计划经济时期的国有工厂只是国家这个大经济体的零部件，各级管理人员没有风险意识。进入市场经济后，由于竞争的加剧和各种不确定性因素的增多，风险控制已经成为各个企业很重要的一项管理工作，帮助组织处理不确定性的部门就能够提高其在组织中的地位。

紫禁城石油公司财务资产部向每个业务中心均派驻财务代表，通过财务数据分析来帮助业务部门进行风险控制，如果没有财务代表的同意，无论是采购，还是销售，都不能开单交易。在神州油品销售公司，法律合同方面的制度是任何人都不能违犯的，如有违犯，就可能让公司面临着政府的严厉惩罚。负责合同审核和管理是审计部，设置这个部门的根本目的之一就是控制经营风险，保证组织经营管理活动的安全性。

六 部门地位的正当性框架

新制度主义学者认为，组织面对两种不同的环境：技术环境和制度环境。它们对组织的要求不一样，技术环境要求组织服从效率机制，而制度环境要求组织从管制性、规范性和文化－认知性三个方面服从正当性机制（Scott，1995；Suchman，1995；周雪光，2003）。按照这种思路对前面讨论的五种正当性进行重新梳理，就得出了国有企业职能部门地位的正当性框架（见表4－7）。

由表4－7可知，社会政治正当性和认知正当性主要体现了社会环境对组织的制度要求，它们与新制度主义理论的核心观点基本一致：组织与环境的同构性越高，其正当性越高，越有利于其生存。社会政治正当性显示，尽管国有企业正在由"大而全"的单位组织向资产专用性组织转变，但是大多数国有企业依然处于政府行政机关和民间企业之间的中间状态，兼具着政府社会职能和企业经营职能，而这正是国有企业单位体制的主要组织特点（俞建国，1998；平萍，2002；路风，1989，1993；李汉林，2004）。认知正当性反映了组织内外部的社会认知对部门地位的影响，这是更深层的制度因素在起作用（Scott，1995；Suchman，1995）。

与这两种正当性反映的制度要求相比，组织正当性、个人正当性和功能正当性更多反映了技术环境的效率要求，也是组织授权和部门认可的体现。其中，组织正当性和个人正当性基本考察的是权威理论的核心问题——权威结构的有效性问题，这些都反映了组织内部运营需要的效率逻辑。个人正当性反映了国有企业管理体制的"人治"因素（冯军旗，2010），其中，最高领导和分管领导更多体现的是组织授权，前者反映的是制度化授权，而后者反映的是权变性授权，而部门负责人基本反映了其部门在组织内部所获得的内部认可情况。

表 4 – 7　职能部门地位的正当性框架

	制度要求			技术要求
	管制性	规范性	文化 – 认知性	效率
社会政治正当性				
计划经济制度遗存	高	中	中	低
政府法规要求	高	低	低	低
市场经济机制	高	中	高	高

续表

	制度要求			技术要求
	管制性	规范性	文化－认知性	效率
认知正当性				
现代企业管理理念	高	高	高	高
部门历史	低	高	高	低
组织正当性				
主营业务特点	低	低	低	高
组织发展阶段	低	低	低	中
部门角色定位	高	低	低	高
个人正当性				
组织最高领导	高	中	高	高
分管领导	低	中	高	高
部门负责人	低	高	高	高
功能正当性				
主营业务接近度	低	低	低	高
资源控制	低	低	低	高
风险控制	低	低	低	高

注：在 2011 年 6~9 月回访和焦点团体访谈中，5 位主要受访者和 5 位焦点团体访谈参与者对各个正当性来源进行了评分（满分 10 分），然后对各项得分进行了算术平均，0~3.5 为低、3.5~6.5 分为中，6.5~10 分为高。

作为组织授权方式之一的功能正当性与"战略权变"概念基本相等，但是有所差异。主营业务接近度考察的是职能部门对组织中心任务的参与或距离，反映了网络中心性的问题。风险控制就是在处理不确定性，提高经营活动的安全性。资源控制的内涵有所不同，与战略权变的资源控制更多的是仅仅指财务资源，而这里的资源控制既包括财务资源，又包括人事资源（职务和薪酬），而且人事资源在企业里具有广泛的普遍性，涉及每一个人的利益。

然而，在企业实践中，并不是这五种来源的正当性评判都具有同等的重要性。正当性评判的重心也许会由于时间和地点的差异而改变（Dacin，1997；Dacin et al.，2007）。总的来说，如果特定人员的评判标准跟当前制度环境中的主流价值观联系越紧密，那么它对组织的重要性越大（Ruef & Scott，1998）。

从更深层的制度视角看，由社会政治正当性和认知正当性构成的制度要求以及由组织正当性、个人正当性和功能正当性构成的效率要求分别体现了不同制度逻辑的作用（Friedland & Alford，1991）。为了概念上的区分和准确地把握中国情境的特点，对职能部门的制度要求可以称之为"体制逻辑"，而效率要求则可以称之为"效率逻辑"。这两种制度逻辑共同决定某个部门在组织内部的地位。

具体来说，体制逻辑决定了某个部门的存留，即社会政治正当性和认知正当性是部门地位的必要条件；而效率逻辑则决定了某个部门在组织内部的地位高低，也就是说组织正当性、个人正当性和功能正当性是部门地位的充分条件。这两个制度逻辑反映了支配国有企业运行的两套理性制度神话，而这些理性制度神话有着自己的一套物质性实践和符号体系（Meyer & Rowan，1977）。每一个制度神话都为行动者提供了所处位置的定义和说明，也提供了行动的脚本。在国有企业里，这两种制度逻辑相互依赖、相互矛盾，具有一种特殊的共生竞合关系，连接了组织的外部正当性过程和内部正当性过程。

从本质上看，部门地位结构就是权威结构，部门地位正当性框架回应了韦伯对权威的经典分类：社会政治正当性和认知正当性为部门地位提供了传统基础，组织正当性和功能正当性提供了法理基础，而个人正当性则构成了部门地位的魅力基础（Weber，1978）。这个部门地位正当性框架也支持了帕森斯对组织层次的垂直划分：功能正当性对应于组织的技术层次，主要关注具体的生产活动；组织正当性和个人正当性对应于组织的管理层次，主要强调控制和协调活动、资源获得和产品处理；而社会政治正当性和认知正当性对应于组织的制度层次，主要关注组织与社群、社会规范及习俗之间的联系（Parsons，1960）。

每个组织都是某个更大社会系统的一个子系统，这种更大社会系统是组织的"意义"的背景，也是组织存在的正当性根源（Scott，2008）。因此，一个组织或部门的正当性很大程度上来自为上级系统的目标达成所做的功能贡献，这也就强调了组织目标与社会功能的一致性（Parsons，1960）。同时，组织也会采纳那些广泛接受的结构和程序来获得正当性，而这些结构和程序则来自包括了共同信念和知识体系而被广泛接受的文化模型。这也就反映了制度化模式为组织行动提供的基础性影响（Berger & Luckmann，1967；Meyer & Rowan，1977）。

由于正当性是一个广泛的社会性认知，它"客观地拥有，但被主观地创造"（Suchman，1995：574）。一个组织或部门是否正当，或者正当程度的大小，由所有利益相关者来观察和评判，而这些评判者则会根据自己所处社会系统的位置提出自己的独特要求，倾向于使用不同的评价指标和标准。因此，部门地位的多重正当性来源反映了多层社会系统的复杂要求。

本章探讨了国有企业职能部门地位的正当性来源，提出了一个部门地位正当性框架，它包括社会政治正当性、认知正当性、组织正当性、个人正当性和功能正当性。其中，社会政治正当性和认知正当性满足组织环境的各种制度要求，而组织正当性、个人正当性和功能正当性则满足组织内部运营的效率要求。

第五章 地位特征、绩效期望与
工作绩效

一 职能部门的地位特征

在组织领域，社会网络中的地位特征一直用来解释影响力、合作等组织行为（Cohen & Zhou, 1991; Copeland et al., 2008）。弥散地位特征是指在广泛范围里持有的一般社会分类特征，它是在社会广泛范围里持有的集体性共识，反映了一般性制度因素的影响。特定地位特征局限于某个具体的情况或任务，比如体育比赛中的竞技能力，这些地位特征直接反映了具体任务相关因素的影响。在组织情境下，它们直接反映了市场因素或者组织经营需要的影响。

（一）弥散地位特征

弥散地位特征是在社会广泛范围里持有的集体性共识，反映了一般性制度因素的影响，职能部门的弥散地位特征包括行政级别、资历、学历、性别和政治背景。

1. 行政级别

如前（第四章第一节）所述，国有企业经理人的行政级别制度是计划经济体制的一项重要制度遗存。由于行政级别与住房、医疗待遇、公车使用、旅游、出国考察、职务消费等物质利益的分配直接挂钩，因此管理人员的行政级别仍然是衡量部门地位的一个重要指标。

在北京院，行政级别的影响主要体现在两个方面：一是部门以及负责人提升为正处级的时间，时间越长，地位越高；二是体现为部门人员提升为副处级以及到其他部门任正职（正处级）的人数，获得提升的人数越多（内部人说法是"出的人多"），部门地位越高。

从北京地产来说，2010 年具有行政级别的管理人员共有44 人，正处 3 人，副处 7 人，正科 18 人，副科 16 人；而在职能部门具有行政级别的管理人员为 9 人，正科 6 人，副科3 人。因此，职能部门具有行政级别的管理人员比例上低于公司总体情况。从职能部门来说，只有人力资源部负责人的行政级别是副科级，其他部门负责人均为正科，并且财务部、董事会办公室和党群工作部三个部门均有两名正科级或副科级管理人员。

2. 资历

资历是个人随着时间和经验积累的个体因素。研究表明，在组织中，资历对于个人的绩效和影响力均有着积极的影响（Rodgers et al.，1986；Lee et al.，2008）。中国自古就有重视资历的传统。在古代社会，资历无疑是官员升迁的重要依据，它代表一个人的经验以及取得功名的先后，与能力无关。

在组织里，资历是影响个人行为的重要微观因素。无论是年龄、工作职位还是成功经历在本质上都可以归结为个人的资历。一般而言，随着任职时间的增加和年龄的增大，工作和生活的交往随之增加，工作职位也可能随之上升，从而积累起较为丰富的个人资历。

资历主要指部门以往的成功记录以及部门人员的司龄。部门过去的成功记录是很重要的资历。比如北京院的齐虎，由于早年与后来的院领导在一线搭班子工作、1985 年负责北京院组织改革工作以及负责每年的年终奖金分配，他个人的工作资历和成绩帮助院办公室完成了从事务秘书到内部总管的角色转变。从部门负责人来看，除了人力资源部和党群工作部，北京地产其他职能部门负责人的司龄均在 7 年以上。因此，在国有企业里，资历是可以用来衡量部门地位的一个指标。

3. 学历

在改革开放时期，随着市场经济的逐步建立，其重要结果之一在于人力资源市场配置机制的引进。市场机制的兴起侵蚀了计划经济体系下的再分配机制，与计划经济时期相比，政治资本的回报在降低而人力资本的回报在增加（Zhao & Zhou，2004；Nee，1989）。

1980 年 8 月，邓小平在中共中央政治局扩大会议上提出：选干部要注意德才兼备，"干部队伍要年轻化、知识化、专业化"（苏勇、刘国华，2009）。之后，提高学历或引进高学历人才逐步成为政府和国有企业中一项持续的人力资源活动。在国有企业里，高学历已经成为人员选拔、任用和提升的一项重要标准，拥有高学历员工成为各个部门重要性的标志。学历就逐步成为国有企业内部利益格局重新调整的一个重要动力。然而，学历在国有企业里的重要性也有一个变化的过程：

在（20 世纪）80 年代到 90 年代初期，学历对人的升迁有着非常重要的直接影响。因为那个时候都不懂市场经济，大家不知道怎么干，所以谁学历高让谁干，比如说如果哪个政府部门或企业有研究生，领导会马上（把他）提拔到重要岗位上来。但是到了 90 年代中后期，学历的影响就不是很直接了，变成了业绩第一，但是学历依然是重要的一道门槛。（访谈对象李伟，2010年 4 月 25 日）

因此，尽管学历已经不是国有企业部门地位的主要标志，但是就组织内外部广泛范围来说，学历依然是衡量部门地位的一项重要特征。在北京院，现任院长为了加强科技开发部的工作，专门为其增加了四名高学历人员（博士 2 名、硕士 2 名）。在北京地产，直线部门人员的平均学历高于职能部门，同时人力资源部人员的平均学历在全部职能部门中最高，因为董事长希望人力资源部能够真正起到战略伙伴的作用，为公司快速发展提前打好基础。

因此，国有企业职能部门人员的学历得到了很大程度的提高，但提高速度低于公司平均水平。与外资企业一样，对于重要或领导有较高期望的部门，国有企业会尽量配置更高学历的人员。

4. 性别

社会文化信念经常把更大的社会意义、一般能力以及特定技能与男性联系在一起，而不是女性，性别就构成了一个社会实践的制度化系统（Berger et al.，1977，1980）。在混合性别情境中，这种基于性别的社会信念塑造了男性和女性的认知习惯（Ridgeway，2001）。

中国社会文化中有着重男轻女的传统，经过自 20 世纪20 年代新文化运动以来的社会革命和改造，尽管男女平等的观念已经深入人心，但是在能力期望、晋升、工资收入等方面依然有着实质性的差别（Zhao & Zhou，2004；李利英，董晓媛，2008）。总之，在中国社会中，男性强于女性的信念仍然普遍存在，性别构成是国有企业里部门地位的一个反映。

北京院存在这样一个现象：直线部门的男性员工占多数，只有较少的女性员工；而职能部门却是女性员工占据多数，而男性员工则为少数，这些男性员工一般配置在较为重要的部门。北京地产的情况也是如此。截至 2009 年底，北京地产全体人员 149 人，直线部门 116 名（男性 80 名，女性 36 名），职能部门 33 名（男性 13 名，女性 20 名），其中职能部门的 13 名男性主要分配在财务部（5 名）、总经理办公室（3 名）和人力资源部（3 名）。

因此，我们可以得到两个认识：首先，在国有企业里，具有职能部门工作难度相对较低的看法，因此主要由女性员工来完成；其次，对于承担了更多经营管理职能的职能部门，组织会相应地配置较多男性员工。

5. 政治背景

尽管在市场经济时期党组织对国有企业的控制已经不如计划经济时期，但党组织对国有企业的影响依然很大，在垄断企业里甚至政治因素的影响大于市场因素的影响（Chan，2009）。在国有企业里，管理人员的政治背景（即常说的政治面貌）仍然是衡量部门地位的一项指标（Zhao & Zhou，2004）。

在北京院和北京地产，职能部门负责人均为中共党员，政治背景对部门地位几乎没有什么影响。然而，这里有一个隐含前提，那就是在国有企业里管理人员的候选人一般都是中共党员，因此可以说政治背景在升职的最初候选阶段已经成为一项潜在的选拔标准。

（二）特定地位特征

特定地位特征直接反映了具体任务相关因素的影响。在国有企业情境下，特定地位特征包括可说明性、组织需求的满足能力、自主控制程度、协调沟通能力和工作团队。

1. 可说明性

部门工作价值清晰阐述的重要性已经得到了广泛认可。研究表明，可说明性与部门在组织里的影响力有着正相关关系，高层管理者对能清楚说明自己成绩的部门满意度更高（Moorman & Rust，1999；Verhoef & Leeflang，2009；O'Sullivan & Abela，2007）。在所有企业里，能否清楚说明自己的贡献是影响部门在组织里地位的重要因素，然而职能部门几乎都很难根据投入的直接回报来对它们的花费进行解释，正如齐虎所说：

> 业务部门认为，你们（职能部门）不挣钱，都是花钱的，你们是我们养活的，你们不挣钱还管我们。（访谈对象齐虎，2010 年 4 月 9 日）

在北京院，院办公室、科技开发部、知识产权办公室等部门都是能够比较清楚地阐述自己对组织目标的贡献，它们的部门地位也很靠前，人力资源部、党委办公室等部门则无法说清自己的贡献甚至工作目标。在市场化程度更高的北京地产，这种情况更加明显。财务部对公司主营业务的贡献是有共识的，比如从银行办贷款，然后公司才能参与土地竞标。

我们财务会站在客观公正的角度上，对公司的经营情况进行财务分析，指出需要改进的地方，并提出相应的财务管理措施和建议，为公司领导决策提供依据和参考意见。在具体的业务经营中，财务部门会通过数据分析帮助一线业务部门进行风险控制。这些工作都得到了领导和其他部门的认可。（访谈对象王秀秀，摘自北京地产公司财务部长 2009 年年终工作总结）

从北京地产财务部长的这段话中，可以看到财务资产处对北京地产组织目标的两个贡献：一是帮助公司对经营状况进行诊断，并为领导决策提供专业支持；二是参与具体业务经营活动，进行风险控制。与财务部门相反的是，北京地产人力资源部的组织文化管理人员在 2009 年 10 月收集了一大堆组织氛围上的数据，但不能有效地解释它们，最后成为无用的垃圾信息，还招致了领导批评。

因此，可说明性就是职能部门把工作活动与组织绩效连接起来的能力，这是衡量职能部门地位的重要特征。

2. 组织需求的满足能力

从职能定位来说，职能部门都是组织内部的服务部门，其功能主要是满足组织其他部门的需要，其他部门是职能部门的工作对象或服务客户。职能部门的工作内容就是把组织需要以及其他部门需要转化为有效的解决方案。

具体来说，为了满足组织需要，职能部门的需要转化能力包括两个方面：一是正确理解组织需要，弄清楚组织面临的具体问题有哪些或多大程度上属于自己部门工作的范围；二是把这些具体需要转化为有效的工作活动。比如，人力资源部如何把其他部门的用人需要转化为有效的招聘方案、如何把员工培训需求转化为企业培训项目，财务部如何把企业的资金需要转化为可行的融资方案，行政部门如何把员工的工作生活需要转化为后勤改进措施。因此，职能部门的需要满足能力就是把组织内部需要转化为有效工作方案的能力。

在日常工作中，这种需要满足能力经常体现为解决问题的能力。在北京院，院办公室最为突出的能力就是在各个时期都能有效地把政府或上级机构的要求转化成有序的工作活动，比如计划经济时期的"学习《科研十四条》""工业学大庆"等活动，20世纪80年代初期以及2000年的两次机构改革，表现出了高效的组织和执行能力。在北京地产分管人力资源工作的李伟要求，不仅要保质保量地完成每一项具体的人力资源工作，还要进行相应的制度建设，2008年进行大规模的人员招聘时，人力资源部门在进行招聘工作的同时，还梳理公司的招聘面试流程以及细化选拔标准。

3. 自主控制程度

部门需要清晰地把工作活动与组织目标连接起来，还必须把组织需要有效地转化为工作活动，这两项工作就为部门工作设定了目标。然而，"设立目标是一回事，调动组织精力实现目标则是另一回事。因此，必须采用控制手段"（Scott，1998）。

在组织里，控制系统通常有四种方式：权力、权威、结构控制和文化。权力和权威通常被视为个人或个人之间的控制系统，权力一般附着于职位，而权威则被视为规范信仰证明为正当的权力（Weber，1978）。随着时间流逝，简单而个人化的权力系统会逐渐让位于技术和科层结构和以工作习惯为代表的组织文化，控制随之进入组织的规章制度和组织行为中，从而成为"内置式"控制。这些"内置式"控制减少了对个人控制的需要，并把管理者的角色从监工转化为问题解决者（Blau & Scott, 1962）。

对于职能部门来说，其控制主要体现为两个方面：一是由规章制度和部门文化所构成的非个人化控制，也就是制度控制；二是部门负责人的权力和权威，这是管理者的个人化控制。

职能部门的非个人控制程度可以通过部门工作的规范化程度来观察。这种规范化程度涉及部门工作相关的书面文件，这些文件包括工作程序、工作说明、规章制度和政策手册，它们描述和规定了部门工作的行为和活动。这种规范化一般通过部门工作书面文件数量的清点来衡量。在北京院，财务部和人力资源部的工作控制程度就差异很大。"财务部那一摊事自己说了算，有时候还能参与高层决策。而人力资源部职责范围内的事很多时候还不能自己说了算"（访谈对象齐虎，2010年7月27日）。具体来说，财务部的工作权限很明确，一般都是按照规章制度来进行，管理比较有序，而人力资源部的工作权限就一直不明确，很多工作连自己都无法推动。

在国有企业，部门负责人的权力和权威对于部门工作活动的有效性是一个非常关键的影响因素。控制能力是干部选拔的一个主要考核标准：

　　部门负责人要具有很强的独立工作能力，对本部门工作有一个系统的统筹规划。他就会对部门中发生的事情保持很大的控制力和自主权，下属工作起来就会比较容易见成效，从而领导对他比较放心。其实，领导对部门负责人放心，也就是对这个部门放心。（访谈对象李

伟，2010 年 5 月 25 日）

4. 协调沟通能力

从根本上说，部门设置就是一种基本的协调机制，通过工作归类分工来降低协调成本（Scott，1998）。然而，职能部门的主要工作对象为组织其他部门，其工作常见状态就是与散布于组织各个角落的工作对象进行协调沟通，环境和组织结构的复杂性也增加了沟通协调的难度。因此，协调沟通能力是职能部门人员必须具备的重要条件。

各位受访者都强调协调沟通无处不在的重要性。职能部门的每项制度或者每项工作，都直接面向公司所有人，当这些制度或工作出台或推动的时候，部门负责人要先与公司领导、其他部门领导进行沟通，让他们接受这些制度或支持这项工作，还要跟其他部门的工作进行整合，协调进度。部门负责人的协调沟通能力主要体现在资源分配和规则制定上，"会哭的孩子有饭吃，不会哭的孩子就会吃点亏"（李伟，2010 年 5 月 25 日）。在北京院，协调沟通能力是公司选拔后备干部的一项重要标准。

> 在现在的国有企业里，人际沟通能力对个人升职有25% 左右的影响，其他是工作业绩、个人背景和时机。（访谈对象齐虎，2010 年 7 月 27 日）

5. 工作团队

随着经济全球一体化趋势的强化，经济环境中的不确定性程度日益提高，竞争水平更趋激烈，为了获得更有利的生存和发展机会，很多企业都在采用以团队为基础的组织结构

（Gilson et al. , 2005）。随着市场经济的建立和开展，伴之以外资企业和民营企业的示范性实践，国有企业也相继采用团队建设、团队学习等团队管理方法，鼓励各个部门和每个员工发挥创造性与合作精神。

国有企业中的团队管理活动是一个逐步推动的过程。一般来说，最先倡导和采用团队工作方式的是研发、销售等直线部门，随着团队管理活动的尝试，组织内外部逐渐形成了一种普遍性的肯定态度；职能部门也进行或参加了一些团队管理培训，鼓励采用团队管理方式。

然而，国有企业推行团队管理存在着制度逻辑上的正当性悖论（Troyer，2004）：国有企业里支配组织运转的是强调层级权威、严格分工和正式程序的科层逻辑，而团队管理则是以平等和广泛参与为中心的民主逻辑。因此，国有企业职能部门的团队建设活动并不是要建立以平等主义和广泛参与为核心的真正团队，更多的是要建立一个更加高效、更有责任感的工作群体。但是，考虑到职能部门确实采用了一些团队管理方式，习惯把自己的部门人员称为"团队"，并且也很强调奉献协作的团队精神，因此可以称之为"工作团队"。

国有企业职能部门的团队管理具有自己的特点。首先，国有企业职能部门强调积极主动的工作态度，也就是常说的"精神面貌"。国有企业也非常重视部门内部的团结以及成员的忠诚，这也是"精神面貌"之一。其他部门人员与职能部门接触时，往往只是跟部门里的某一个人接触，因此"对于跟你直接打交道的人来说，你就是他碰到你们这个部门的全部，你个人的精神面貌在他那里就会是整个部门的形象"（访谈对象董洁，2010 年 7 月 15 日）。由此可知，国有企业里强调的精神面貌实际上是要求职能部门每位成员保持良好的工作状态，强调工作状态上的一致性。

其次，国有企业职能部门强调工作行为的标准化，经常提到的要求是"保质保量"。在国有企业里，管理人员都有培养下属完成任务的能力或主动意识，更多的是培训专业技术和分享工作经验，以提高其工作行为的有效性。职能部门的工作有时也讲求创造性，但更多的是强调标准化，即使讲创造性也是讲标准化基础上的创造性，真正强调的是工作行为和工作结果的一致性。

总之，国有企业职能部门通过强调工作态度和工作行为的一致性来保证团队每位成员的工作质量。

二 地位特征与绩效期望

在组织情境中，具有不同地位特征表现的部门会得到不同的评价，从而产生相应的绩效期望。当某个地位特征被激活时，与之相关的社会性参考信念就会给具体的部门赋予明确的绩效期望。

（一）地位特征的激活条件

上节已经描述了国有企业职能部门的 10 个主要地位特征。那么，这些地位特征是否一直在发生作用呢？如果不是，它们又如何在组织中激活呢？研究发现，这些地位特征一般会在两种条件下激活（Cohen & Zhou，1991）。

首先，某个地位特征上的显著差异。如果职能部门拥有一个或更多地位特征的不同状态，并且差异显著时，那么与地位特征状态相关的信念和评价就起作用。简而言之，状态有差异，地位特征才会被激活。比如在北京地产，所有职能部门负责人都是中共党员，因而政治背景这个地位特征就暂时处于沉睡状态。在北京院，处级干部开会时一般都会按照先行政级别后资历的标准排座次，这样就形成了正处级干部在前几排而资深处长又占据前几排中较好位置的会场秩序，各个部门的地位一目了然，行政级别就被激活运转。这种会议座次甚至具有一些仪式感，在表达和巩固地位信念方面发挥着潜在而关键的作用（Scott，1995）。

其次，地位特征被激活的一个常见原因是与情景任务明确相关。"一个可区分的地位信息与任务结果之间的联系越直接，或任务相关路径越短，它们之间的联系强度就越大，因而那个地位特征的区分影响就越大"（Berger et al.，1977）。在北京院的跨部门会议上，一般都会根据任务或会议主题来安排各个部门的发言或讨论顺序，与主题最密切的部门一般会成为会议的主角，而不太密切的部门则往往只是提一些补充意见，或者只是列席会议而已。经常存在这样的情况，在一个更大组织背景里也许重要的特征，但是在某个特定任务情景中并没有产生同样的作用。例如，虽然行政级别在国有企业里是一个很重要的地位特征，但是在具体职能任务中，专业和工作能力则更为人看重，具有良好专业工作能力的人往往更有支配权。

（二）作为绩效期望的薪酬待遇

在任何组织里，薪酬都是个人能力和地位最有力的实际体现，也是对组织里每个人的资历、能力和贡献的结果性确认，充分反映了组织对个体的绩效期望。这里，以北京地产2006～2009年的工资台账为基础，从薪酬这个综合性结果考察地位特征与绩效期望之间的关系。

与其他国有企业一样，北京地产职能部门采用的薪酬模式是岗位绩效工资制，员工总薪酬由岗位工资、绩效工资、公司效益奖、补贴、福利、专项奖金构成，具体每位员工的薪酬定级因素有学历、工作经验、工作态度、工作能力、工作业绩。总体来看，实际上北京地产管理人员的薪酬主要由行政级别和司龄决定，其薪酬设计思路是鼓励员工在公司里长期发展。

表 5 - 1　2009 年北京地产总部职能部门负责人薪酬构成情况

单位：元

职能部门	岗位工资	绩效工资	年功	房补	通信费	奖金	过节费	工作扣项	应发工资总额
财务部	83844	46921	4500	960	1880	114090	1700	-10086	243809
总经理办公室	83844	46921	1680	960	1880	102786	1700	-10715	229056
人力资源部	48222	16679	720	870	1560	30781	1700	-4571	95961
董事会办公室	83844	46921	5040	960	1880	109454	1700	-10508	239291
党群工作部	58832	32387	5700	960	1880	43898	0	-4567	139090
审计法务部	72905	40798	3480	960	1880	89465	1700	-11040	200148

资料来源：根据北京地产 2009 年工资台账整理。

表 5 - 1 统计了北京地产职能部门负责人 2009 年的总体薪酬情况，由此可知：一是收入排序由高到低依次为财务部、董事会办公室、总经理办公室、审计法务部、党群工作部、人力资源部；二是职能部门负责人的总薪酬基本由个人

的行政级别和年功决定，也就是说"薪酬待遇是个人的，跟部门关系不大"（访谈对象董洁，2011年3月27）。财务部、总经理办公室、董事会办公室和审计法务部的负责人均为正科级，司龄均在8年以上，而人力资源部经理2007年6月才入职而且在2009年11月才评为副科级，党群工作部负责人虽然为正科级但是职务为党群工作部副主任，正职由董事会办公室主任兼任。

这种行政级别和年功主导的薪酬制度在一定程度上延续了计划经济时期的平均主义色彩，具有很强的个人身份刚性，只有年终奖金部分地反映了工作业绩等市场因素的影响。因此，个人薪酬更多体现了职能部门的弥散地位特征，行政级别和资历直接决定了部门负责人的薪酬水平，而学历则只是通过影响岗位薪点来发生微弱作用，也就是说学历、资历、行政级别三个地位特征因为跟个人相关而被激活，共同决定了部门负责人的薪酬。性别和政治面貌没有发生作用。一方面经过新中国六十多年的舆论宣传和组织实践，男女平等已经深入人心，基本能做到同工同酬，另一方面由于所有部门负责人都是中共党员，因而性别和政治面貌这两个地位特征未被激活。

与个人薪酬基本体现弥散地位特征相反，国有企业职能部门的薪资总额则体现了特定地位特征的影响。国有企业的具体做法是，对企业业务发展具有较大贡献的部门增加人员，因而在以刚性个人薪酬为前提的情况下体现了部门薪酬总额的弹性。表5-2、表5-3统计了北京地产职能部门2006~2009年的人力资源状况和薪酬总额情况。

表 5 - 2　2006～2009 年北京地产总部职能部门人力资源统计

单位：人

年份	财务部	总经理办公室	人力资源部	董事会办公室	党群工作部	审计法务部	合计
2006	3	5	1	2	0	1	12
2007	5	5	2	2	1	1	16
2008	7	10	4	2	1	1	25
2009	9	10	6	2	3	3	33

资料来源：根据北京地产 2006～2009 年员工档案整理。

由表 5 - 2 可知，2006 年以来，随着外地房地产项目的开展，北京地产也在相应地积极发展职能部门，优先发展的有财务部、总经理办公室和人力资源部，而董事会办公室、审计法务部和党群工作部则发展较晚或者处于维持状态。

表 5 - 3　2006～2009 年北京地产职能部门工资总额统计

职能部门	2006 年	2007 年		2008 年		2009 年	
	工资总额（元）	工资总额（元）	年度增幅（%）	工资总额（元）	年度增幅（%）	工资总额（元）	年度增幅（%）
财务部	230606.86	479681.91	108.01	732330.75	52.67	831329.75	13.52
总经理办公室	362842.41	492039.48	35.61	508961.00	3.44	717463.50	40.97
人力资源部	37679.60	75729.75	100.98	237029.80	212.99	355667.50	50.05
董事会办公室	211621.00	335493.87	58.54	321266.00	-4.24	371774.00	15.72
党群工作部		116671		126737.00	8.63	139896.19	10.38

续表

职能部门	2006 年	2007 年		2008 年		2009 年	
	工资总额（元）	工资总额（元）	年度增幅（%）	工资总额（元）	年度增幅（%）	工资总额（元）	年度增幅（%）
审计法务部	102667.00	101036.46	−1.59	185838.00	83.93	233655.00	25.73
合计	909417.87	1600652.48	76.01	2112165.55	31.96	2647735.94	25.36

资料来源：根据北京地产 2006~2009 年工资台账整理。

由表 5-3 可知，北京地产职能部门的工资总额体现了与人力资源变化相一致的趋势：与 2006 年的部门工资总额顺序相比，2009 年的工资总额顺序已经发生了很大的变化，依次为财务部、总经理办公室、董事会办公室、人力资源部、审计法务部、党群工作部，其工资总额增长率分别为 260.50%、93.73%、75.68%、843.93%、127.59%、19.91%（与 2006 年相比）。财务部和总经理办公室的总额则基本为其他部门的两倍以上，而总额增幅最快的为人力资源部，这也是北京地产 2007 年加强人力资源管理建设的结果，董事会办公室、审计法务部和党群工作部的总额增幅则相对有限。在北京地产 2006 年开始启动外地房地产项目，截止到 2009 年底已经有 6 家项目型子公司的业务发展过程中，财务部、总经理办公室和人力资源部三个部门直接满足了北京地产的业务发展需要：财务部帮助公司融资赢得土地拍卖权、总经理办公室帮助拓展和协调当地政府部门关系，而人力资源部则帮助招聘人员和组建项目团队。而董事会办公室、审计法务部和党群工作部更多的是提供保障性服务支持。因此，北京地产职能部门的工资总额变化情况是可说明性、需要转化能力、自主控制程度、协调沟通能力以及工作团队等五个特定地位特征共同作用的结果。

因此，个人薪酬体现了弥散地位特征，而部门工资总额反映了特定地位特征。这个结果证实了地位特征理论早期学者的观点，在任务导向情境中，特定地位特征更能解释组织中权力和特权的不平等（Berger et al.，1998）。

三 部门地位对工作绩效的影响

对直线部门的已有研究表明，部门地位作为一种协作机制对工作绩效有着显著的间接影响（Bond et al.，2004；Kahn，2005；Verhoef & Leeflang，2009）。这是因为不同的部门地位意味着拥有不同的关键资源，比如信息和资金，参与公司关键活动的机会也不同（Hambrick & Cannella，1993）。在国有企业里，职能部门也明显存在这种情况，部门地位不同会影响其工作表现。

（一）部门地位与工作绩效

在国有企业里，职能部门的地位与其绩效有着明显的相互促进关系，部门地位高，工作也容易开展，部门地位低，工作推进就会缓慢。反之，良好的工作绩效也会对部门地位产生积极影响。部门地位与工作绩效之间是一种复杂的辩证关系：

> 部门地位越高，工作业绩越出色，而业绩出色又反过来促进部门地位提升。（访谈对象郭林，2010 年 3 月 10 日）
> 部门地位与工作绩效之间不是一种直接的因果关系。但是，总体来说，部门地位高，活儿就好干得多，反之活

儿干得好也会提高部门地位。（访谈对象齐虎，2010 年 7 月 27 日）

以北京院为例，不同地位的部门在工作绩效上具有明显的差异。首先，高地位部门比较容易获得资源和资金上的支持。比如开会，科技开发部每年举办大大小小不同的会议，经常在全国各地开。其他部门想到外地开会，要经过层层审批，一般很难通过。在用人资源上面，其他部门的编制控制得很紧，而科技开发部 2009 年还进了 4 个人。其次，高地位部门更容易推动工作进展。比如 2007 年人力资源部和财务部同时启动信息化项目，也就是购买和运行财务管理软件和人力资源管理软件。财务管理软件项目 2008 年 10 月完成并开始运转，而人力资源管理软件项目到笔者调研访谈时的 2010 年 5 月还没有完成。领导对工作进展的影响很明显：

> 这里面，很大一个因素就是领导的支持力度不一样，领导重视，推行就快。（访谈对象郭林，2010 年 7 月 27 日）

最后，高地位部门更容易得到其他部门的配合和支持。每到年底各个部门都会向人力资源部要各种统计数据，人力资源部提供的顺序就会显现出部门地位的差异：

> 第一时间向办公室提供数据，第二时间向科技开发部提供数据，第三时间才向其他部门提供数据。（访谈对象郭林，2010 年 7 月 27 日）

(二) 领导认可、部门配合和工作绩效

正如直线部门一样，部门地位并不对职能部门的工作绩效产生直接影响，但它会调节其他因素对工作绩效以及绩效评价的影响。从部门地位到工作绩效的影响过程中，其他因素在其中起着非常重要的调节作用，比如前面已经涉及的领导认可和部门配合。

1. 领导认可

如前所述，国有企业里有一个颇为突出的现象——"领导重视"。这种现象反映了组织领导对职能部门地位的重要影响。具体来说，组织领导通过对每个职能部门工作的重视和支持来施加影响。

首先，关键工作环节的审批。在具体工作中，领导的影响很大程度上体现为对部门工作关键环节的审批。

> 地位高的部门在领导心目中的认可度一般也比较高，在开展每项工作的时候更容易得到领导的认可。说得直白点，在关键工作环节更容易通过领导的审批。但是，如果某个部门地位比较低，就意味着组织领导、其他部门以及公司员工对它的认可度不是很高。在它开展工作的时候，首先就会受到大家的质疑，在工作过程中第一步是打消大家的质疑并获得认可。这样就无形中增加了工作难度，从而导致直接投入专业工作的工作时间减少。（访谈对象郭林，2011 年 3 月 20 日）

与低地位部门相比，高地位部门会获得一些明显的优势：工作自主性、自信心以及专业工作时间。

财务部和人力资源部的信息化项目情况正好证实了郭林的上述总结。这两个部门 2007 年同时启动的信息化项目，进度却大不相同，很大一个因素就是领导的支持力度不一样。其他工作的情况类似，财务部工作的开展以及相关文件和建议，更容易得到领导的认可和强力推动，人力资源部远远不如财务部。

> 财务部那一摊事自己说了算，还能参与高层决策，提供意见，人力资源部本职范围内的事自己说了不算，领导还动不动插一杠子。（访谈对象齐虎，2010 年 7 月 27 日）

其次，资源支持。已有研究表明，不同的部门地位意味着拥有不同的关键资源（Hambrick & Cannella，1993）。在国有企业，尽管在年初的资源分配会议上经常会出现"会哭的孩子有饭吃"的现象，但是资源分配的结果一般都体现了各个部门的地位。从资源分配上看，哪个部门地位高、哪个部门地位低，一目了然。上面讨论的财务部和人力资源部在资金和用人上的差异就是这种情况。明星员工的分配也体现了部门地位的差异：

> 领导如果器重或准备提拔哪个人，一般会把他放在地位高的部门去锻炼，那里工作环境好，容易出成绩，然后提拔也让人信服。（访谈对象齐虎，2011 年 5 月 25 日）

领导有时也会默许高地位部门做一些处于灰色地带甚至违规的事情。

最后，领导重视本身就是非常重要的无形资源，往往体现为关注或过问部门工作。这种资源一方面能够增加该部门人员的积极性和自信心，另一方面也会影响其他部门对该部门的配合和支持，下面详细讨论这一点。

2. 部门配合

本质上，职能部门是组织对制度环境进行缓冲战略的产物（Scott，1998），它们也是组织这种协作系统的一部分（Barnard，1938）。但是，部门间协作一直是一个颇为微妙的问题（Sundaramurthy & Lewis，2003；Kahn，2005）。在国有企业，各个职能部门之间处于既竞争又合作的状态中。郭林介绍了各部门之间配合的复杂情况：

> 一般来说，每次单位开会领导都会强调各个部门之间的配合，大家都会口头上积极答应，平时也会保持一定程度的配合。但是，这些配合往往都是表面上的，做样子的，其实明里暗里处于一种竞争关系中。很简单，别的部门表现出色了就会衬托出自己部门的不好来，干吗为他人作嫁衣裳呀。即使配合，配合也是要看人下碟的。（访谈对象郭林，2011 年 5 月 24 日）

在北京院，各个部门对院办公室的工作都会积极配合，但这些部门之间的配合却很微妙。以向各个部门要材料为例，院办公室的沟通方式会比较客气。但是双方都"心知肚明，院办完全可以不客气"，因此这种客气具有一种高姿态的味道。各个部门都会很快提供，有的部门甚至晚上加班来完成。其他部门之间要材料则是真正的客气，"你去要东西就等着吧，你说今天要，今天肯定不会给你，你什么时候催急了才给。大家都心照不宣：今天要也不是今天用，肯定打富余了"。院办公室对其他部门提出的要求都会积极回应，这种积极回应却是为了维护办公室的高素质形象，"人家跟院办公室要东西都不给，不合适"（访谈对象郭林，2011 年5 月 24 日）。

与直线部门之间地位越平等越有利于合作（Kahn，2005）相反，职能部门之间的情况是：具有着地位差异的部门之间能够形成良好的合作关系，地位平等反而会相互掣肘、相互不配合。这种配合中体现的工作优先次序是各个部门根据自己与对方的地位关系以及利益得失而相机确定的。

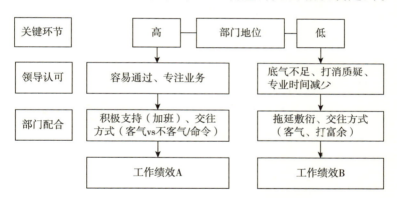

图 5 - 1 不同部门地位对工作绩效的影响过程

最后，图 5 - 1 对国有企业职能部门地位对工作绩效的影响过程进行了简单总结。在实际工作中，部门地位将会通过领导认可和部门配合两个因素对各个部门的工作产生间接的实质影响：高地位部门更容易获得领导认可和其他部门的积极配合，从而更有利于取得良好的工作绩效；低地位部门则不太容易获得领导认可和其他部门的积极配合，从而增加了取得良好绩效的难度。领导认可反映的是组织上级对部门地位与工作绩效之间关系的影响，而部门配合则是组织平级对部门地位与工作绩效之间关系的影响。简而言之，部门地位与工作绩效具有明显的正相关关系。

四 部门地位、绩效期望与工作绩效的关系模型

本章首先通过双案例研究总结了国有企业职能部门的地位特征以及激活条件：弥散地位特征由行政级别、资历、学历、性别和政治背景构成，特定地位特征由可说明性、组织需求的满足能力、自主控制程度、协调沟通能力和工作团队构成，前者为以个人人口统计特征为主的一般地位特征，具有更多的身份刚性，而后者则是直接反映职能部门地位的任务地位特征，更多地反映了市场经济下国有企业内部日常运转的制度逻辑；它们将会在具有显著差异或与情景任务明确相关时被激活，从而构成职能部门的地位总体表现。接着，本章以北京地产薪酬数据为例探讨了地位特征与绩效期望之间的关系。在组织情境条件下，弥散地位特征和特定地位特征共同塑造某个具体部门的绩效期望。

这些研究发现在群体水平上证实了地位特征理论的主要观点，并且为弥散地位特征和特定地位特征对绩效期望的影响提供了实证考察。由于职能部门为长期工作群体，特定地位特征具有较好的预测性，因而有力地支持了相关学者的早期发现（Cohen & Zhou，1991；Bunderson，2003）。这些研究发现将地位特征理论的分析水平从个体层次拓展到群体层次，从而较大地拓展了它的解释空间。

然后，以北京院为例考察了部门地位对工作绩效的影响。案例研究发现，部门地位对工作绩效具有明显的间接影

响。在实际工作过程中，领导认可和部门配合会调节部门地位对工作绩效的影响。在企业实践中，部门地位与工作绩效具有积累性的循环反馈关系，体现出一种"日益递增或递减的制度回报"，从而形成一种具有"马太效应"的路径依赖（Scott，2008）。

表面看来，部门地位与工作绩效的正相关关系似乎与已有研究的结论相矛盾，因为他们认为研发、营销和生产部门之间的地位平等跟产品发展绩效和产品管理绩效具有正相关关系（Kahn，2005）。这种矛盾主要在于考察对象的差异，已有研究考察的是研发、营销和生产三个直线部门的地位，而本书考察的是人力资源部、办公室、财务部等职能部门的地位。对于直线部门来说，各部门工作之间具有明显的工作流程依存性（Thompson，1967），部门之间地位越平等越有利于部门间配合。职能部门的工作却有着较强的独立性，或者更准确地说，职能工作的主导责任部门单一，而其他部门均属于配合部门。考虑到在中国社会的差序格局特点，高地位部门将能够获得更多资源和更大权力，因而更有利于推动其部门工作。

部门地位也会影响成员对部门的忠诚和认同。显然，高地位部门能获得更高的认同和忠诚，从而提高团队凝聚力和影响力，也会对部门工作形成积极的影响。反之，低地位部门就会遭遇内部成员在认同和忠诚上的消极影响。部门地位会促进高地位部门成员的积极情感以及相关行为，但是也会促进低地位部门成员的消极情感以及相关行为。这些不同的情感和行为都会对部门工作绩效产生直接或间接的影响（Chattopadhyay，2010）。

由于国有企业的复杂性和开放性，职能部门工作绩效的影响因素有很多，除了考察的部门地位，还有任务特征、人员能力、资源支持、组织发展、外部环境等众多因素。本章主要考察部门地位对工作绩效的影响，图5-2归纳了部门地位、绩效期望与工作绩效之间关系的理论模型。

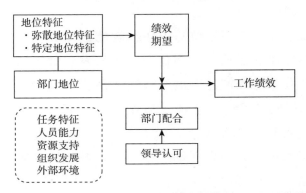

图5-2 部门地位、绩效期望与工作绩效关系的理论模型

在特定组织情境下，不同地位的部门在弥散地位特征和特定地位特征上有着不同的表现，组织及其成员会根据组织情境因素给每个部门赋予不同的绩效期望，这个绩效期望会调节部门地位对工作绩效的影响。同时，不同地位的部门得到的领导认可和部门配合也不一样，从而对工作绩效形成实质性的影响。

然而，绩效期望与工作绩效之间的关系又会反过来引发不同部门地位的正当化或去正当化过程：当工作绩效达到或超过绩效期望时，部门地位就会被进一步巩固；当工作绩效达不到绩效期望时，部门地位就会被逐渐削弱。因此，绩效期望是驱动组织内部门地位变化的重要动力，绩效期望与工作绩效之间的互动促使了组织内部地位秩序的形成和变迁。

本章探讨了国有企业职能部门的地位特征，然后在此基础上考察了部门地位、绩效期望与工作绩效之间的关系。研究结果表明，弥散地位特征以个人人口统计特征为主，具有更多的身份刚性，而特定地位特征直接体现了职能部门的任务要求以及转型经济下企业组织内部的制度逻辑。部门地位、绩效期望与工作绩效之间具有一种积累性的循环反馈关系。在实际工作过程中，领导认可和部门配合会对这种循环反馈关系产生重要的调节作用。工作绩效又反过来通过绩效期望促进部门地位的正当化或去正当化过程。

第六章 "兄弟"为什么不平等

一 正当性视角下的部门地位变迁

本书对组织中的"兄弟并不平等"现象进行了深入考察，结果发现，尽管理论上部门成员在结构图上是平等的，但是它们在涉及资源分配、发展空间以及政治权力的日常生活中根本无平等可言。

部门地位变迁是一种社会制度变革约束下的演化过程。推动演化的动力来自制度压力、组织授权和部门认可这三个层面。其演化过程具体表现为复杂的正当化和去正当化过程，从而形成了组织中"兄弟并不平等"的部门地位结构。

社会制度环境变革导致了部门地位正当性来源的多元化：社会政治正当性、认知正当性、组织正当性、个人正当性和功能正当性。其中社会政治正当性和认知正当性主要反映了组织环境的各种制度压力，而组织正当性、个人正当性和功能正当性则起源于组织授权和部门认可，主要满足组织内部运营对职能部门的效率要求。这些正当性来源使得一些部门获得更多资源和机会，而其他部门则相应减少，从而形成了各部门之间地位的不平等和变迁。

多重正当性来源造成了不同部门在各个地位特征上的差

异。其中，弥散地位特征以个人人口统计特征为主，具有更多的身份刚性，而特定地位特征直接体现了职能部门的任务要求。在组织情境条件下，弥散地位特征和特定地位特征共同塑造某个特定部门的绩效期望，而这种绩效期望会影响其部门地位的变迁。

国有企业的部门地位与工作绩效之间具有积累性的循环反馈关系，工作绩效也会促进部门地位的正当化或去正当化过程。

由此，笔者提出部门地位变迁的理论模型（见图6-1）。从组织宏观层面来看，在转型经济制度环境下，部门地位的正当性来源日益多元化，这种变化引起了部门地位的变迁。正当性来源变化直接决定了部门地位的正当化或去正当化，其中社会政治正当性和认知正当性决定了某个特定部门的存在与否，而组织正当性、个人正当性和功能正当性决定了它的地位高低。从部门微观层面来看，这些正当性来源又会通过地位特征表现赋予的绩效期望来调节部门地位对工作绩效的影响，而工作绩效与绩效期望的重复比较又会反过来影响部门地位的正当化或去正当化过程。总之，部门地位变迁是

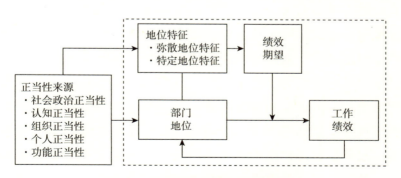

图6-1 部门地位变迁的理论模型

一个不断适应内外部环境的制度化过程，既有国家的强制压力，也有企业自己的考虑在其中起作用。

二 部门地位：中国社会变迁的
制度产物

部门地位是一个常见而复杂的组织现象，也是一个值得深入探讨的研究论题。深入研究作为"制度化产物"的职能部门不仅有助于我们了解改革开放以来国有企业内部结构的重组和变迁，而且有助于进一步发展和丰富组织理论。对于组织内部现象而言，地位这一人类恒久而基本的社会学视角具有明显的解释优势，更重要的是，它能有助于我们认识转型经济背景下组织内部微观系统的转变。

第一，本书探讨了科层组织的社会结构。在任何科层制的正式结构中，都会或隐或现地出现一种非正式结构，它是为了迎合个人目的和官员需要而产生的，并且经常会使得科层机构不能以最大的效率运转。在国有企业中，地位结构就是这样的非正式结构。与组织结构图表明的正式结构相比，地位结构更加复杂，比正式结构更有韧性，具有更多的文化连续性。正式结构是地位结构的理想模型，而地位结构是正式结构的延伸、阐释和修正，二者之间具有一定的差距。地位结构的出现是为了协调组织里重复进行的人际互动，逐渐成为组织内部人员的制度约束，从而推动和维持实际运转的组织秩序。地位结构为每个社会位置的人员提供了行动标准，按照自己的地位行动是一种德行的标志。这种地位结构是一种从未经过精心设计但是遵守它们对每个人都有利的行为规则，生动地体现了国家意识形态的深刻影响。

第二，本书丰富了对制度变迁的认识。对微观水平制度变迁的考察不仅证实了转型经济的制度变迁与西方有着本质不同的观点（Newman, 2000；Peng, 2003），也丰富了转型经济制度变迁的认识路径。从新制度主义理论来看，部门地位的演化以及地位结构变化是转型时期企业对市场和政治两种制度压力下的组织反应，宏观环境的变化导致组织微观层面发生相应的制度变迁。倪志伟曾经用个人收入来考察当代中国的市场转型（Nee, 1989），但是众多学者对其研究方法不太满意，质疑两个变量的距离过大。部门地位正好能够弥补这一缺陷，因为它不仅能够有效地解释宏观环境和个体行为之间的因果关系，而且能够准确地捕捉一些正在进行的、来自现实世界的组织微观变化。由图6-1展示的部门地位变迁理论模型可知，在某种程度上，组织内的部门地位演化是由于正当性来源的变化所造成的。这些也解释了转型经济中组织内部利益分配秩序的转变，从而回答了新制度主义理论学者们的早期问题：是否市场的建立已经改变了原来计划经济中的利益分配秩序？是不是市场改革产生了新的不平等？谁是市场的受益者（Walder, 1996）？因此，考察部门地位的变化代表了一条理解转型期制度变迁的重要路径。

第三，本书拓展了对组织正当性的认识。现有的组织正当性认识主要产生于西方稳定的制度环境，他们认为组织正当性主要来自组织与外部环境的一致性（Scott, 1995；Suchman, 1995）。这一观点背后的基本假设为组织是被动的行动者。然而，这一假设忽视了组织对制度反应的能动性，因为学者们很少考虑产生于其他制度环境中的正当性问题。来自组织内部的组织正当性、个人正当性和功能正当性正是国有企业对市场化导向环境的主动适应，国有企业可能会与影响自己的市场化社会过程拉开一定的距离，并对这些社会过程进行思考、批判、抵制甚至拒绝，还积极影响并操纵来自多方面的规范评判。更重要的是，在转型经济背景下，作为组织战略选择的决策者，组织领导人的主动性、偏好和社会资本将会为组织内部的微观变迁提供非常关键的个人正当性，他们主动塑造组织以及组织与环境的关系，从而使某些部门更重要或者某些功能得到更多的发展。在某种程度上，1978年后以"放权"为中心的一系列改革措施引发了国有企业里的管理革命，管理者尤其是中高层管理者获得了一种支配性的优势地位（Lu, 1996; Chandler, 1977）。

第四，本书整合了不同的正当性理论。虽然组织领域的正当性理论众多，但是缺乏有效的整合（Zelditch, 2004）。笔者提出的部门地位正当性框架在此方向上迈出了重要的一步，对不同正当性理论进行了有效的梳理和整合，这种整合实现了正当性研究视角微观水平和宏观水平的制度连接，也回应了新制度主义学者对多水平组织正当性研究的呼吁（DiMaggio & Powell, 1991; Baum & Oliver, 1991）。在部门地位的正当性框架中，社会政治正当性和认知正当性反映了新制度主义理论所强调的组织跟外部环境的同构性，组织正当性和个人正当性反映了权威理论所强调的权威结构的有效性，而功能正当性则与战略权变理论形成了有效补充。同时，这个正当性框架也有助于组织研究者认识不同利益相关者对组织子系统的竞争性要求。具体来说，组织子系统在日常运行中经常面临着复杂多重、相互竞争或相互矛盾的正当性要求，比如制度约束与效率要求之间的张力、制度约束下管制要素与文化—认识要素之间的张力。当组织需要多层面的正当性作为生存条件时，它必须面对所有正当性来源并与它们交往,从而选择合适的行动策略。因此,本书中提出的部门地位正当性框架提供了一种正当性的结构功能主义视角。

第五,本书探索了正当性对组织绩效的影响路径。现有组织研究的另一个基本假设是正当性有助于组织生存,获得良好绩效(Scott, 1995)。以往研究总是将组织绩效看作一个整体,较少考察正当性如何转换成绩效,也就是在组织内部正当性如何发生作用还是一个黑匣子。然而在企业实践中,组织绩效是各个部门绩效的融合性总和。如图6-1所示,外部环境变化导致组织正当性的变化,组织内各部门地位发生变迁,从而影响各个部门的绩效差异,最终形成组织的整体绩效。具体来说,外部社会环境变化对组织的影响标志就是组织内部地位特征和地位结构的相应变化,这些变化体现了外部环境对组织的绩效期望。如果组织内部的地位特征不能适应外部环境的制度要求,其结果必然是组织转型的失败。简而言之,正当性通过部门地位来影响组织绩效。

第六,本书显示了职能部门的理论价值。笔者回应了韦伯、法约尔等早期组织理论先驱的观点,他们都倡导将相似活动放到同样组织单位的部门化原则。尽管这一原则近年来遭遇了现实的挑战和学者的批评,但是在社会实践方面,部门化分工依然是组织运作的一个主要特点,组织成员也以其所在部门作为自己的组织认同和情感归属。因此,部门仍然是一个可行的组织分析单位。然而,以部门为焦点的组织研究均以直线部门为考察对象(Hickson et al., 1971; Boeker, 1989; Kahn, 2005),较少涉及与直线部门伴随而生的职能部门。在这个意义上说,本书显示了职能部门的理论价值,职能部门研究为我们深入理解组织现象提供了独特的视角。

对于组织研究来说,国有企业是一座仅有少许挖掘的金矿。然而，国有企业尤其是中央企业非常庞大，复杂程度非常高。对于这种高度复杂的组织，抱持任何单一的理论视角都难免会落入"瞎子摸象"的陷阱，而以化约主义为特征的量化研究也存在诸多明显的不足，因为"花费更多的时间收集问卷或其他可供定量分析的数据时，他们距离组织中的实际过程却越来越远"（周雪光、赵伟，2009：177）。欧美的组织社会学家的早期研究通过细致深入的实地考察和近距离观察为理解组织现象提供了坚实的实证基础，至今仍属组织研究的上乘之作。他们将清晰的理论逻辑和丰富的经验材料相结合，把微观过程与社会学的重大问题联系在一起，做出了令人信服的理论解释。组织社会学家布劳曾经提出："通过对细节的孜孜以求，我们希望获得对现代社会重要问题进行科学分析所需要的系统知识。"（Blau，1955：5）今天，这仍然应该是组织研究的至上目标。因此，对于组织研究来说，建构默顿所倡导的有限范围的中程理论（Mid-range Theory）是一个比较可行的选择（Merton，1949）。

三　部门地位的政策性思考

这些研究发现可以为企业管理者提供一个新的认知视角，改善组织设计和资源分配的质量，促进职能部门的有效性。更重要的是，对于职能部门地位的正当性研究能够帮助我们理解很多国有企业的组织现象，产生一些政策性思考。第一，国有企业的控制问题。职能部门地位的多重正当性来源尤其是社会政治正当性显示，作为唯一实际股东的政府对国有企业的控制手段主要是政治控制，甚至形成了国有企业改革的"国家障碍"（宋国诚，1999）。从社会政治正当性来说，国有企业职能部门的设置和运行都具有较为浓厚的政治色彩，国有企业（尤其是央企）中有一半的职能部门都是社会政治环境的制度产物，其职能主要在于政治功能尤其是社会控制，而剩下另一半部门的日常活动随时都会有着"政治正确"的影子。因此，国有企业职能部门的相当一部分工作与主营业务或者组织绩效的关系不大，甚至会起到反作用。这样就产生一个需要思考的问题：目前政府对国有企业的控制方式是否恰当有效，是否存在更好的控制方式？国有企业承担的政治职能是否过多？这也就回应了吕源的早期发现，国有企业改革是一个持续的放权过程（Lu，1996）。

第二，国有企业的内部人控制问题。这些年来经常讨论的一个问题就是国有企业产生了"内部人控制"的问题。然而，从正当性角度看，这种内部人控制更多体现在企业收入分配以及各种物质利益上，正当性来源的多重性使得国有企业各级管理者并未对生产过程形成有效的控制，这是导致国有企业管理能力长期欠发达的根本原因（路风，2000）。

第三，国有企业的行政级别问题。前些年国有企业里的行政级别问题曾被广泛讨论，甚至曾经出台政策予以取消。然而，国有企业里的行政级别现象依然普遍存在。行政级别普遍存在的主要原因之一就是它的制度环境还存在，也就是还有它的正当性基础。一方面行政级别与每个人的切身利益直接挂钩，另一方面它是政府或上级机构对国有企业保持有效控制的手段之一。

第四，国有企业的绩效问题。一个经常存在的情况是，国有企业职能部门并没有明确有效的绩效管理体系。部门地位的正当性来源能够对此提供一个新的视角。由于正当性来源的多重性，国有企业职能部门难免碰到到底该对谁负责、具体负哪些责任的问题。组织内外的利益相关者都会向职能部门提出具体而有差异的要求，从而导致众口难调的问题，必然迫使管理者和工作人员很多时候只能采取和稀泥的方式来应付，结果导致职能部门甚至整个国有企业"瞎忙"的低效率甚至负效率。然而，按照国家统计数据以及相关报道来看，这些年来大多数中央企业都取得了良好的营收业绩。那么，国有企业内部的低效率运行能够产生出这样优秀的业绩吗？如果回答否定，又是什么因素造成的呢？因此，国有企业的业绩必然有着其他因素的贡献，比如政策性扶持、行业性垄断等，这也就间接证明了倪志伟的早期发现（Nee, 1992）。如此一来，可能的结果是全体国民在为国有企业的效率埋单。

第五，国有企业的组织性质问题。在国有企业研究中，一个探讨较少的问题是国有企业究竟是什么性质的组织。张维迎（1995）的产权论更多的是指导国有企业改革实践应该如何进行的规范性视角，并不是国有企业组织性质的分析性视角。西方组织研究者提出的基于第一受益人的分类方法颇具启发性，他们运用 CUI BONO（拉丁文，谁受益的意思）的标准提出了四种组织类型：①互利协会，比如工会，第一受益人是其成员；②商业存在，比如企业和公司，第一受益人是所有人（或股东）；③服务组织，比如医院和学校，第一受益人是客户群体；④公益组织，比如警察局等政府部门，第一受益人是公共大众（Blau & Scott, 1962）。然而，国有企业似乎无法按照这种第一受益人的分类标准来归类。实际上，国有企业（尤其是中央企业）同时具有互利协会、商业存在、服务组织和公益组织四种类型组织的特点，也注定它成不了这四种组织中的任何一种，而只能是这四种组织类型的"四不像"混合体。

因此，国有企业的很多问题不只是改革造成的，更可能是改革不够造成的。国有企业改革的下一步方向或许在于让大多数国有企业从目前处于政府行政机关和民间企业之间的中间状态走出来，成为真正的独立企业——Blau 和 Scott（1962）意义上的商业存在，对全体公民——这唯一股东负责。

四 反思与未来

本书仅仅是关于国有企业部门地位这一组织现象的探索，因而有着一些不足。由于时间和精力有限，本书只对少数企业受访者进行了多轮访谈，因而在部门地位相关信息的采集上难免存在着不够全面或不够深入的问题。研究者最大的遗憾之一，由于国有企业研究进入现场的门槛比较高，没能找到合适机会进入某家企业进行较长时期的现场观察，近距离考察各部门的日常活动和互动。

由于部门地位的敏感性，仅在三家企业里找到两名受访者，而其他企业均只有一名受访者，无法形成每家企业访谈数据的有效内证，因而访谈数据或多或少地受到受访者个人视角的影响，其客观性具有一定程度上的不足，研究结论的概括性受到了一定影响。由于国有企业制度环境的快速变化，很多国有企业已经经过了多次转制和重组，本书在历史数据的搜集上都遭遇到了不少困难。由于多次重组和转制以及人员的更新换代，很难找到熟悉情况的访谈对象，尤其是在计划经济时期担任管理职务的访谈对象。

本书中也存在"研究者效应"问题。质化研究的一个特点就是以研究者为研究工具，也就不可避免地遇到"研究者"效应。在调研中，袒露自己的访谈策略取得了一些积极效果，但是这种策略本身也具有明显的陷阱：多大程度坦白自己、这种坦白是否对受访者产生了过多的引导。

研究者相信，从本书产生的未来方向是很多的。例如，一个方向是检验和完善本书得出的一系列部门地位结论以及在它们基础上发展的部门地位变迁理论模型，如何通过量化的方式在更多类型的企业中验证它们，还有很多工作要做，也有很多困难需要克服。但是，研究者相信这种努力是值得的，一定能产生许多更加有趣、更加准确的结论，丰富我们对组织的认识。如果对某个职能部门在组织中的地位进行深入考察，比如人力资源部或者工会，会让我们对组织内部生态获得更多的认识。探讨部门地位的管理应用研究也将会有较大的空间。虽然这些部门地位结论产生于国有企业，研究者相信其他类型企业也会存在类似的地位现象，因此它们应该具有较高的概括性。本书仅仅从横向角度考察国有企业的地位现象，在国有企业这种科层组织里的纵向地位结构也是一个值得考察的领域。如果对部门地位进行社会网络分析，也许会有很多有趣的发现。

同时，可以从部门地位的角度考察其他组织现象，比如组织内部的社会分层、部门之间的配合和协作、人员晋升等。以组织内部的社会分层现象为例。部门地位的形成和变迁也是一个组织内部的社会分层过程（Walder，1992；Baron & Peffer，1994；李强，2008）。在国有企业里，同为平级部门负责人，但是直线部门和职能部门在职务升迁的机会上有着巨大的差异。对于基于政治标准的政工干部和基于专业技能标准的专业与管理人员来说，国家和组织为其设定的部门地位如何影响其职业生涯也值得进一步深入探讨（Zhao &

Zhou, 2004)。部门地位还有助于解释为什么有的部门人员能够晋升到高层管理职位而另一些部门人员却难以突破"玻璃天花板"这一现象，从而加深组织内部社会分层过程的认识。

另外，也可以考察部门地位对组织认同、员工情绪等个体行为的影响。相对于组织层面的因素来说，部门地位对组织成员的影响更加直接，因为他们一般都以部门为自己的情感归属和组织认同，所在部门为他们的组织认同提供了天然的分类基础（Ashforth & Mael, 1989）。那么，对属于不同地位部门的员工来说，他们的组织认同和情绪表现是否存在明显的差异，最终将会如何影响其工作绩效，这些都是值得讨论的问题。

研究显示，计划经济制度遗产是一个值得深入探讨的问题。西方学者提出的"社会主义遗产论"应该也适用于中国，尤其是从计划经济时期转型而来的国有企业具有更大的标本意义（Burawoy & Verdery, 1999）。那么，经过 30 多年的改革开放，计划经济时期的组织管理制度在国有企业里还有多少遗存，哪些制度废弃了，哪些制度保留了下来，而保留下来的制度的生命力是什么，这些问题都值得深入研究。

需要指出的是，这些制度遗产虽然可能会造成国有企业改革的一些制度创新障碍（宋国诚，2000），例如，作为计划经济制度遗产之一，目前国有企业里的"对口现象"虽然已经比计划经济时期放宽了不少，但是依然严重。如何理解这种对口现象以及它对国有企业运行的影响值得深入探讨。但是在目前国有企业治理结构未能有效形成的情况下，对于组织的健康发展能够起到一定程度的制衡作用，比如抑制比较突出的"一言堂"现象等。因此，不能简单地看作必须除之而后快的历史阻力。

参考文献

边燕杰、约翰·罗根、卢汉龙、潘允康、关颖：《"单位制"与住房商品化》，《社会学研究》1996 年第 1 期。

卞历南：《制度变迁的逻辑：中国现代国营企业制度之形成》，浙江大学出版社，2011 年。

陈向明：《质的研究方法与社会科学研究》，教育科学出版社，2000 年。

费孝通：《乡土中国　生育制度》，北京大学出版社，1998 年。

冯军旗：《中县干部》，博士学位论文，北京大学社会学系，2010 年。

韩岫岚：《中国企业史：现代卷（上）》，企业管理出版社，2002 年。

金观涛、刘青峰：《"天理"、"公理"和"真理"：中国文化合理性论证以及正当性标准的思想史研究》，《中国文化研究所学报（香港中文大学）》2001 年第 10 期。

李钼金：《车间政治与下岗名单的确定：以东北的两家国有工厂为例》，《社会学研究》2003 年第 3 期。

李汉林：《中国单位社会：议论、思考和研究》，上海人民出版社，2004 年。

李汉林：《变迁中的中国单位制度：回顾中的思考》，

《社会》2008 年第 3 期。

李利英、董晓媛：《性别工资差异中的企业效应》，《经济研究》，2008 年第 9 期。

李路路、李汉林：《单位组织中的资源获得》，《中国社会科学》1999 年第 6 期。

李路路、苗大雷、王修晓：《市场转型与"单位"变迁：再论"单位"研究》，《社会》2009 年第 4 期。

李猛、周飞舟、李康：《单位：制度化组织的内部机制》，《中国社会科学季刊》1996 年第 3 期。

李培林、张翼：《国有企业社会成本分析：对中国 10 个大城市 508 家企业的调查》，《中国社会科学》1999 年第 5 期。

李强：《社会分层十讲》，社会科学文献出版社，2008 年。

李新春：《企业家过程与国有企业的准企业家模型》，《经济研究》2000 年第 6 期。

李新春：《中国国有企业重组的企业家机制》，《中国社会科学》2001 年第 5 期。

李亚雄：《权力、组织与劳动：国企江厂（1949～2004）》，湖北人民出版社，2006 年。

李银河：《论当代中国的准身分制》，《二十一世纪》1992 年二月号。

梁钧平：《企业组织中的"圈子文化"：关于组织文化的一种假说》，《经济科学》1998 年第 5 期。

林毅夫、蔡昉、李周：《充分信息与国有企业改革》，上海人民出版社，1997 年。

刘建军：《微型社会：计划经济下单位的构成》，《南京社会科学》2000 年第 1 期。

刘平、王汉生、张笑会：《变动的单位制与体制的分化：

以限制介入性大型国有企业为例》,《社会学研究》2008 年第
3 期。

刘毅:《"合法性"与"正当性"译词辨》,《博览群书》
2007 年第 3 期。

卢晖临、李雪:《如何走出个案:从个案研究到扩展个
案研究》,《中国社会科学》2007 年第 1 期。

路风:《单位:一种特殊的社会组织形式》,《中国社会
科学》1989 年第 1 期。

路风:《中国单位体制的起源和形式》,《中国社会科学
季刊》1993 年第 4 期。

路风:《国有企业转变的三个命题》,《中国社会科学》2000
年第 5 期。

路风:《从结构到组织能力:钱德勒的历史贡献》,《世
界经济》2001 年第 7 期。

吕源:《案例研究文献的基本风格与规范:从三篇经典
文献看高质量的案例研究》,《战略管理》2010 年第 2 期。

平萍:《从"大而全"的组织到资产专用性的组织:广
州一家机器制造业国有企业的组织变迁》,博士学位论文,
香港中文大学社会学系,2002 年。

秦志华:《企业变革是如何实现的:一个国有企业制度
变迁的个案分析》,《管理世界》2003 年第 10 期。

丘海雄、梁倩瑜、徐建牛:《国有企业组织结构改革的
逻辑:对广州一家国有企业的个案研究》,《中国制度变迁的
案例研究》2008 年第 6 集。

宋国诚:《国家障碍:中国大陆国有企业改革的分析视
角》,《中国大陆研究》1999 年第 3 期。

宋国诚:《新制度主义与中国国有企业改革:一个分析

框架的运用》,《中国大陆研究》2000 年第 2 期。

苏力:《纲常、礼仪、称呼与秩序建构:追求对儒家的制度性理解》,《中国法学》2007 年第 5 期。

苏勇、刘国华:《中国管理学发展进程:1978 ~ 2008》,《经济管理》2009 年第 1 期。

孙立平、王汉生、王思斌、林彬、杨善华:《改革以来中国社会结构的变迁》,《中国社会科学》1994 年第 2 期。

田毅鹏:《"典型单位制"的起源和形成》,《吉林大学社会科学学报》2007 年第 4 期。

王处辉:《中国近代企业组织形态的变迁》,天津人民出版社,2001 年。

王凤彬、赵民杰:《职能部门:资源控制者还是服务提供者》,《财经问题研究》2004 年第 8 期。

王利平、葛建华:《合法性视角下的国有企业组织制度变迁》,《管理学报》2009 年第 4 期。

王修晓:《京厂政治:制度转型与组织内部权威关系的变迁——以"单位"研究为视角》,博士学位论文,中国人民大学社会学系,2010 年。

阎云翔:《差序格局与中国文化的等级观》,《社会学研究》2006 年第 4 期。

俞建国:《现代企业制度与国有企业的现代化》,《中国社会科学》1998 年第 6 期。

张静:《利益组织化单位:企业职代会案例研究》,中国社会科学出版社,2001 年。

张军等:《中国企业的转型道路》,上海人民出版社,2008 年。

张维迎:《企业的企业家:契约理论》,上海人民出版社,1995 年。

张笑会：《转型期国有企业的制度环境探析：对新制度主义的认识和反思》，《经济与社会发展》2005 年第 8 期。

章迪诚：《中国国有企业改革编年史（1978～2005）》，工人出版社，2006 年。

赵炜：《工厂制度重建中的工人：中国白色家电产业的个案研究》，社会科学文献出版社，2010 年。

郑伯埙、黄敏萍：《实地研究中的案例研究》，载陈晓萍、徐淑英和樊景立《组织与管理研究的实证方法》，北京大学出版社，2008 年。

周濂：《现代政治的正当性基础》，生活·读书·新知三联书店，2008 年。

周雪光、练宏：《政府内部上下级部门间谈判的一个分析模型：以环境政策实施为例》，《中国社会科学》2011 年第 5 期。

周雪光、赵伟：《英文文献中的中国组织现象研究》，《社会学研究》2009 年第 6 期。

周雪光：《企业运动的社会学思考》，《复旦学报》（社会科学版）1986 年第 6 期。

周雪光：《组织社会学十讲》，社会科学文献出版社，2003 年。

周雪光：《一叶知秋：从一个乡镇的村庄选举看中国社会的制度变迁》，《社会》2009 年第 3 期。

Aldrich, H. E. *Organization Evolving*. Thousand Oaks: Sage, 1999.

Ansari, S. L., Bell, J., and Lundblad, H. "Organization Structure as Ideology: The State Socialism Experiment." *Journal of Management Inquiry*, vol. 1, no. 3 (1992): 229-247.

Archibald, M. E. "Between Isomorphism and Market Partitioning: How Organizational Competencies and Resources Forster Cultural and Sociopolitical Legitimacy, and Promote Organizational Survival", in C. Johnson, Eds. , *Legitimacy Processes in Organization: Research in the Sociology of Organizations.* New York: Elsevier, 2004, pp. 171 – 211.

Ashforth, B. E. , & Gibbs, B. W. "The Double-Edge of Organizational Legitimation. " *Organization Science*, vol. 1, no. 2 (1990): 177 – 194.

Ashforth, B. E. , & Mael, F. "Social Identity Theory and the Organization. " *Academy of Management Review*, vol. 14, no. 1 (1989): 20 – 39.

Baker, W. E. "Market Networks and Corporate Behavior. " *American Journal of Sociology*, vol. 96, no. 3 (1990): 589 – 625.

Barker, J. "Tightening the Iron Cage: Concertive Control in Self-Managing Work Teams. " *Administrative Science Quarterly*, vol. 38, no. 3 (1993): 408 – 438.

Barnard, C. I. *The Functions of the Executive.* Cambridge, MA: Harvard University Press, 1938.

Barney, J. B. , & Zhang, S. J. "The Future of Chinese Management Research: A Theory of Chinese Management versus a Chinese Theory of Management. " *Management and Organization Review*, 5 (1 (2009): 15 – 28.

Baron, J. N. , & Pfeffer, J. "The Social Psychology of Organizations and Inequality. " *Social Psychology Quarterly*, vol. 57, no. 3 (1994): 190 – 209.

Baum, J. A. C. , & Oliver, C. "Institutional Linkages and Organizational Mortality. " *Administrative Science Quarterly*, vol. 36, no. 2 (1991): 187 – 218.

Benjamin, B. A. , & Podolny, J. M. "Status, Quality, and Social Order in the California Wine Industry. " *Administrative Science Quarterly*, vol. 44, no. 3 (1999): 563 – 589.

Berger, J. , Cohen, P. B. , & Zelditch, M. J. "Status Characteristics and Social Interaction. " *American Sociological Review*, vol. 37, no. 3 (1972): 241 – 255.

Berger, J. , Fisek, H. , Norman, R. , & Zelditch, M. J. *Status Characteristics and Social Interaction.* New York: Elsevier, 1977.

Berger, J. , Ridgeway, C. , Fisek, M, H. , & Norman, R. Z. "The Legitimation and Delegitimation of Power and Prestige Orders. " *American Sociological Review*, vol. 63, no. 3 (1998): 379 – 405.

Berger, J. , Rosenholtz, S. , & Zelditch, M. J. "Status Organizing Processes. " *Annual Review of Sociology*, vol. 6 (1980): 479 – 508.

Berger, J. , Wagner, D. G. , & Zelditch, M. J. "Expectation States Theory: Review and Assessment. " in J. Berger & M. Zelditch, Eds. , *Status, Rewards, and Influence: How Expectations Organize Behavior.* San Francisco: Jossey-Bass, 1985, pp. 1 – 72.

Berger, P. L. , & Luckmann, T. *The Social Construction of Reality: A Treatise in the Sociology of Knowledge.* London: The Penguin Press, 1967.

Bitektine, A. "Toward a Theory of Social Judgments of Organizations: The Case of Legitimacy, Reputation, and Status. " *A-*

cademy of Management Review, vol. 36, no. 1 (2011): 151 – 179.

Blau, P. *The Dynamics of Bureaucracy: A Study of Interpersonal Relations in Two Government Agencies.* Chicago: University of Chicago Press, 1955.

Blau, P. "Critical Remarks on Weber's Theory of Legitimacy. " *American Political Science Review*, vol. 57, no. 2 (1963): 305 – 316.

Blau, P. , & Scott, W. R. *Formal Organizations: A Comparative Approach.* London: Routledge & Kegan Pau, 1962.

Boeker, W. " The Development and Institutionalization of Subunit Power in Organizations. " *Administrative Science Quarterly*, vol. 34, no. 9 (1989): 388 – 410.

Boisot, M, & Child, J. "The Iron Law of Fiefs: Bureaucratic Failure and the Problem of Governance in the Chinese Economic Reforms. " *Administrative Science Quarterly*, vol. 33, no. 4 (1988): 507 – 527.

Boisot, M, & Child, J. "From Fiefs to Clans and Network Capitalism: Explaining China's Emerging Economic Order. " *Administrative Science Quarterly*, vol. 41, no. 4 (1996): 606 – 628.

Bond, E. U. , Walker, B. , Hutt, M. , & Reingen, P. "Reputational Effectiveness in Cross-Functional Working Relationships. " *Journal of Product Innovation Management*, vol. 21, no. 2 (2004): 44 – 60.

Bothner, M. S. , Podolny, J. M. , & Smith, E. B. "Organizing Contests for Status: The Mathew Effect versus the Mark Effect. " *Academy of Management Proceedings*, vol. 8 (2009): 1 – 5.

Bunderson, J. S. " Recognizing and Utilizing Expertise in Work Groups: A Status Characteristics Perspective. " *Administra-*

tive Science Quarterly, vol. 48, no. 4 (2003): 557 – 591.

Burawoy, M. "The Extended Case Method." *Sociological Theory*, vol. 16, no. 1 (1998): 4 – 33.

Burawoy, M., & Verdery, K. *Uncertain Transition*: *Ethnographies of Change in the Postsocialist World*. Maryland: Rowman & Littlefield Publishers, 1999.

Carroll, G. A., Goodstein, J., and Gyenes, A. "Organizations and the State: Effects of the Institutional Environment on Agricultural Cooperatives in Hungary." *Administrative Science Quarterly*, vol. 33, no. 2 (1988): 233 – 256.

Chan, H. S. "Politics over Markets: Integrating State-Owned Enterprises into Chinese Socialist Market." *Public Administration & Development*, vol. 29, no. 1 (2009): 43 – 54.

Chandler, A. D. *The Visible Hand*: *The Managerial Revolution in American Business*. Cambridge, MA: Belknap Press of Harvard University Press, 1977.

Chattopadhyay, P., Finn, C., & Ashkanasy, N. M. "Affective Responses to Professional Dissimilarity." *Academy of Management Journal*, vol. 53, no. 4 (2010): 808 – 826.

Child, J. "Organizational Structure, Environment and Performance: The Role of Strategic Choice." *Sociology*, vol. 6, no. 1 (1972): 2 – 22.

Cohen, P. B., & Zhou, X. "Status Processes in Enduring Work Group." *American Sociological Review*, vol. 56, no. 2 (1991): 179 – 188.

Colyvas, J. A., & Powell, W. W. "Roads to Institutionalization: The Remaking of Boundaries between Public and Private

Science. " *Research in Organizational Behavior*, vol. 27 (2006):
315 – 363.

Cooke, F. L. "Acquisition of Chinese State-Owned Enterprises by Multinational Corporations: Driving Forces, Barriers and Implications for HRM. " *British Journal of Management*, vol. 17, no. 1 (2006): 105 – 121.

Cooper, R. G. "Overall Corporate Strategies for New Product Programs. " *Industrial Marketing Management*, vol. 14, no. 3 (1985): 179 – 193.

Copeland, M. P. , Reynolds, K. J. , & Burton, J. B. "Social Identity, Status Characteristics and Social Networks: Predictors of Advice Seeking in a Manufacturing Facility. " *Asian Journal of Social Psychology*, vol. 11, no. 1 (2008): 75 – 87.

Creed, W. D. , DeJordy, R. , & Lok, J. "Being the Change: Resolving Institutional Contradiction through Identity Work. " *Academy of Management Journal*, vol. 53, no. 6 (2010): 1336 – 1364.

Dacin, T. "Isomorphism in Context: The Power and Prescription of Institutional Norms. " *Academy of Management Journal*, vol. 40, no. 1 (1997): 46 – 81.

Dacin, T. , Oliver, C. , & Roy, J. "The Legitimacy of Strategic Alliances: An Institutional Perspective. " *Strategic Management Journal*, vol. 28, no. 2 (2007): 169 – 187.

Deephouse, D. L. , & Suchman, M. C. "Legitimacy in Organizational Institutionalism. " , in R. Greenwood, C. Oliver, K. Sahlin, & R. Suddaby, Eds. , *The Handbook of Organizational Institutionalism*. Thousand Oaks, CA: Sage, 2008, pp. 49 – 77.

DiMaggio, P. J. , & Powell, W. W. "The Iron Cage Revisited: Institutional Isomorphism and Collective Rationality. " *American Sociological Review*, vol. 48, no. 2 (1983): 726 – 743.

DiMaggio, P. J. , & Powell, W. W. "Introduction", in W. W. Powell & P. J. DiMaggio, Eds. , *The New Institutionalism in Organizational Analysis.* Chicago: University of Chicago Press. 1991, pp. 1 – 38.

Dong, X. , & Putterman. L. "China's State-owned Enterprises in the First Reform Decade: An Analysis of a Declining Monopsony. " *Economics of Planing*, vol. 35 (2002): 109 – 139.

Dornbusch, S. M. , & Scott, W. R. *Evaluation and the Exercise of Authority.* San Francisco: Jossey-Bass, 1975.

Dowling, J. , & Pfeffer, J. "Organizational Legitimacy: Social Values and Organizational Behavior. " *Pacific Sociological Review*, vol. 18, no. 1 (1975): 122 – 136.

Eisenhardt, K. M, & Graebner M E. "Theory Building from Cases: Opportunities and Challenges. " *Academy of Management Journal*, vol. 50, no. 1 (2007): 25 – 32.

Eisenhardt, K. M. "Building Theories from Case Study Research. " *Academy of Management Review*, vol. 14, no. 4 (1989): 532 – 550.

Eisenstadt, S. N. "Bureaucracy, Bureaucratization, and Debureaucratization. " *Administrative Science Quarterly*, vol. 4, no. 3 (1959): 302 – 320.

Emirbayer, M. , & Goodwin, J. "Network Analysis, Culture, and the Problem of Agency. " *American Journal of Sociology*, vol. 99, no. 6 (1994): 1411 – 1454.

Fairclough, N. *Discourse and Social Change.* Cambridge: Polity Press, 1992.

Fayol, H. *General and Industrial Management.* New York: IEEE Press, 1984.

Friedland, R., & Alford, R. "Bring Society Back in: Symbols, Practices, and Institutional Contradictions", in W. W. Powell & P. J. DiMaggio, Eds. , *The New Institutionalism in Organizational Analysis.* Chicago: University of Chicago Press, 1991, pp. 232 – 263.

Gallagher, M. E. *Contagious Capitalism: Globalization and the Politics of Labor in China.* Princeton: Princeton University Press, 2005.

Galaskiewicz, J. , and Waserman, S. "Mimetic Processes within an Interorganizational Field: An Empirical Test. " *Administrative Science Quarterly*, vol. 34, no. 3 (1989): 454 – 479.

Giddens, A. *Central Problems in Social Theory.* London: McMillan, 1979.

Gilson, L. L. , Mathieu, J. E. , Shalley, C. E. , & Ruddy, T. M. "Creativity and Standardization: Complementary or Conflicting Drivers of Team Effectiveness?" *Academy of Management Journal*, vol. 48, no. 3 (2005): 521 – 531.

Glaser, B. G. , & Strauss, A. L. *The Discovery of Grounded Theory: Strategies for Qualitative Research.* Chicago: Aldine Publishing Company, 1967.

Gramsci, A. *Selections from the Prison Notebooks* (Eds. & Trans. by Q. Hoare & N. Smith). London: Lawrence and Wishart, 1971.

Granovetter, M. "Economic Action and Social Structure: The Problem of Embeddedness." *American Journal of Sociology*, vol. 91, no. 3 (1985): 53 – 81.

Greiner, L. E. "Evolution and Revolution as Organizations Grow." *Harvard Business Review*, vol. 50, no. 4 (1972): 37 – 46.

Greiner, L. E. "Evolution and Revolution as Organizations Grow." *Harvard Business Review*, vol. 76, no. 3 (1998): 55 – 60, 62 – 66, 68.

Gu, E. "Foreign Direct Investment and Restructuring of Chinese State Owned Enterprises (1992 – 1995)." *China Information*, vol. 3 (1997): 46 – 71.

Guthrie, D. "Between Markets and Politics: Organizational Responses to Reform in China." *American Journal of Sociology*, vol. 102, no. 5 (1997): 1258 – 1304.

Habermas, J. *Legitimation Crisis* (Trans. T. McCarthy). Boston: Beacon Press, 1975.

Hambrick, D. C., & Cannella, A. A. "Relative Standing: A Framework for Understanding Departures of Acquired Executives." *Academy of Management Journal*, vol. 36, no. 8 (1993): 733 – 762.

Hambrick, D. C., & Mason, P. A. "Upper Echelons: The Organization as a Reflection of its Top Managers." *Academy of Management Review*, vol. 9, no. 2 (1984): 193 – 206.

Hannan, M. T., & Freeman, J. "Structural Inertia and Organizational Change." *American Sociological Review*, vol. 49, no. 2 (1984): 149 – 164.

Hatch, E. "Theories of Social Honor." *American Anthropologist*, vol. 91, no. 2 (1989): 34 – 53.

Heugens, P. M. , & Lander, M. W. "Structure! Agency! (And other Quarrels): A Meta-Analysis of Institutional Theories of Organization. " *Academy of Management Journal*, vol. 52, no. 1 (2009.): 61 – 85.

Hickson, D. J. , Hinings, C. R. , Lee, C. A. , Schneck, R. E. , & Pennings, J. M. "A Strategic Contingencies' Theory of Intraorganizational Power. " *Administrative Science Quarterly*, vol. 16, no. 2 (1971): 216 – 229.

Hinings, C. R. , Hickson, D. J. , Pennings, J, M, & Schneck, R. E. "Structural Conditions of Intraorganizational Power. " *Administrative Science Quarterly*, vol. 19, no. 1 (1974): 22 – 44.

Hoffman, A. "Institutional Evolution and Change: Environmentalism and the U. S. Chemical Industry. " *Academy of Management Journal*, vol. 42, no. 4 (1999): 351 – 371.

Huang, Z. "From Chaos to Order: The Emergence of the Status Structure and its Organizational Consequences. " *Academy of Management Proceedings*, vol. 8 (2006): 11 – 16.

Johnson, C. , Dowd, T. J. , & Ridgeway, C. J. "Legitimacy as a Social Process. " *Annual Review of Sociology*, vol. 32 (2006): 53 – 78.

Johansson, A. C, & Sell, J. "Sources of Legitimation and their Effects on Group Routines: A Theorietical Analysis", in C. Johnson, Eds. , *Legitimacy Processes in Organization: Research in the Sociology of Organizations.* New York: Elsevier, 2004, pp. 89 – 116.

Kahn, K. B. "Department Status: An Exploratory Investigation of Direct and Indirect Effects on Product Development Performance. " *Product Development & Management Association*, vol. 22, no. 6 (2005): 515 – 526.

Kelman, H. C. "Reflection on Social and Psychological Processes of Legitimization and Delegitimization", in J. T. Jost & B. Mayor, Eds., *The Psychology of Legitimacy*. Cambridge: Cambridge University Press, 2001, pp. 54 – 73.

Kim, T. Y., Shin, D., Oh, H., & Jeong, Y. C. "Inside the Iron Cage: Organizational Political Dynamics and Institutional Changes in Presidential Selection Systems in Korean Universities, 1985 – 2002. " *Administrative Science Quarterly*, vol. 52, no. 2 (2007): 286 – 323.

Kimberly, J. "Environmental Constraints and Organizational Structure: A Comparative Analysis of Rehabilitation Organizations. " *Administrative Science Quarterly*, vol. 20, no. 1 (1975): 1 –9.

Kuhn, T. S. *The Structure of Scientific Revolutions*. Chicago: University of Chciago Press, 1970.

Lawrence, P. R., & Lorsch, J. W. "Differentiation and Integration in Complex Organizations. " *Administrative Science Quarterly*, vol. 12, no. 1 (1967): 1 – 47.

Lawrence, P. R., & Lorsch, J. W. *Organization and Environment: Managing Differentiation and Integration*. Boston: Harvard Business School Press, 1986.

Lee Ching Kwan. "From Organized Dependence to Disorganized Despotism: Changing Labor Regimes in Chinese Factories. " *The China Quarterly*, vol. 157, no. 3 (1999): 44 – 71.

Lee Jen-Sin, Yen Pi-Hsia, & Chen Ying-Jen. "Longer Tenure, Greater Seniority, or Both? Evidence from Open-end Equity

Mutual Fund Managers in Taiwan. " *Asian Academy of Management Journal of Accounting & Finance*, vol. 4, no. 2 (2008): 1 - 20.

Lu, Yuan. *Management Decision-Making in Chinese Enterprises*. London: MaCmillan Press, 1996.

Lucas, J. W. "Status Processes and the Institutionalization of Woman as Leaders. " *American Sociological Review*, vol. 68, no. 3 (2003): 464 - 480.

Mahoney, J. "Path Dependence in Historical Sociology. " *Theory and Society*, vol. 29, no. 4 (2000): 507 - 548.

March, J. G. *A Primer on Decision Making: How Decisions Happen*. New York: Free Press, 1994.

March, J. G., & Olson, J. P. *Rediscovering Institutions*. New York: Free Press, 1989.

March, J. G., & Simon, H. A. *Organizations*. New York: Wiley, 1958.

McCarthy, J. D., & Zald, M. N. "Resource Mobilization and Social Movements: A Partial Theory. " *American Journal of Sociology*, vol. 82, no. 6 (1977): 340 - 363.

Merton, R. K. "The Unanticipated Consequences of Purposive Social Action. " *America Sciological Review*, vol. 1, no. 6 (1936): 894 - 904.

Merton, R. K. "The Matthew Effect in Science. " *Science*, vol. 159, no. 3810 (1968): 56 - 63.

Merton, R. K., & Kendall, P. L. "The Focus Interview. " *America Journal of Sociology*, vol. 51, no. 6 (1946): 541 - 557.

Merton, R. K. *On Theoretical Sociology*. New York: Free

Press, 1949.

Meyer, J. W. , & Rowan, B. "Institutionalized Organizations: Formal Structure as Myth and Ceremony. " *American Journal of Sociology*, vol. 83, no. 2 (1977): 340 – 363.

Meyer, J. W. , & Scott, W. R. *Organizational Environments: Ritual and Rationality.* Beverly Hills, CA: Sage, 1983.

Miles, M. B, & Huberman, A. M. *Qualitative Data Analysis* (2nd) . CA: Sage, 1994.

Mills, C. W. "Situated Actions and Vocabularies of Motive. " *American Sociological Review*, vol. 5, no. 6 (1940): 904 – 913.

Moorman, C. , & Rust, R. T. "The Role of Marketing. " *Journal of Marketing*, vol. 63, Special Issue (1999): 180 – 197.

Naughton, B. *The China Circle: Economics and Technology in the PRC, Taiwan, and Hong Kong.* Washington, D. C. : Brookings Institution Press, 1997.

Nee, V. "A Theory of Market Transition: From Redistribution to Markets in State Socialism. " *American Sociological Review*, vol. 54, no. 5 (1989): 663 – 681.

Nee, V. "Organizational Dynamics of Market Transition: Hybrid Forms, Property Rights and Mixed Economy in China. " *Administrative Science Quarterly*, vol. 37, no. 1 (1992): 1 – 27.

Newman, K. L. "Organizational Transformation during Institutional Upheaval. " *Academy of Management Review*, vol. 25, no. 3 (2000): 602 – 619.

North, D. C. *Institutions, Institutional Change and Economic Performance.* Cambridge: Cambridge University Press, 1990.

O'Sullivan, D. , & Abela, A. V. "Marketing Performance

Measurement Ability and Firm Performance. " *Journal of Marketing*, *vol.* 71, no. 2 (2007): 79 – 83.

Oberschall, A. "The Great Transition: China, Hungary, and Sociology Exit Socialism into the Market. " *American Journal of Sociology*, vol. 101, no. 4 (1996): 1028 – 1041.

Oliver, C. "Strategic Responses to Institutional Processes. " *Academy of Management Review*, vol. 16, no. 1 (1991): 145 – 179.

Ostrom, E. "An Agenda for the Study of Institutions. " *Public Choice*, vol. 48, no. 1 (1986): 3 – 25.

Parsons, T. *The Social System.* London: Routledge and Kegan Paul, 1956.

Parsons, T. "Some Ingredients of a General Gheory of Formal Organizations", in T. Parsons, Eds. , *Structure and Process in Modern Societies.* Glencoe, IL: Free Press, 1960, pp. 59 – 96.

Parsons, T. "Suggestions for a Sociological Approach to the Theory of Organizations, Parts I. " *Administrative Science Quarterly*, vol. 1, no. 1 (1956): 63 – 85.

Peng, M. W. "Institutional Transition and Strategic Choices. " *Academy of Management Review*, vol. 28, no. 2 (2003): 275 – 296.

Perrow, C. "Departmental Power and Perspectives in Industrial Firms", in M. N. Zald, Eds. , *Power in Organizations.* Nashville: Vanderbilt University Press, 1970, pp. 59 – 89.

Perrow, C. *Complex Organizations: A Critical Essay* (3rd Eds.). Glenview, IL: Scott, Foresman, 1986.

Pfeffer, J. & Salancik, G. R. *The External Control of Organizations: A Resource Dependence Perspective.* New York, NY: Harper & Row, 1978.

Pierson, P. "Increasing Returns, Path Dependence, and the Study of Politics." *American Political Science Review*, vol. 94, no. 4 (2000): 251 – 267.

Podolny, J. M. "A Status-Based Model of Market Competition." *American Journal of Sociology*, vol. 98, no. 4 (1993): 829 – 872.

Podolny, J. M. *Status Signals: A Sociological Study of Market Competition.* Princeton: Princeton University Press, 2005.

Porter, M. E. *Competitive Strategy: Techniques for Analyzing Industries and Competitors.* New York: Free Press, 1998.

Powell, W. W., & DiMaggio, P. J. "Prologue", in W. W. Powell & P. J. DiMaggio, Eds., *The New Institutionalism in Organizational analysis.* Chicago: University of Chicago Press, 1991, pp. 1 – 42.

Putterman, L., & Dong, Xiao-Yuan. "China's State-Owned Enterprises: Their Role, Job Creation, and Efficiency in Long-term Perspective." *Modern China*, vol. 26, no. 4 (2000): 403 – 447.

Quinn, R. E., & Cameron, K. "Organizational Life Cycles and Shifting Criteria of Effectiveness: Some Preliminary Evidence." *Management Science*, vol. 29, no. 1 (1983): 33 – 51.

Redding, S. G. *The Spirit of Chinese Capitalism.* Berlin: Walter de Gruyter Gmbh & Co, 1990.

Ridgeway, C. L. "Gender, Status, and Leadership." *Journal of Social Issues*, vol. 57, no. 4 (2001): 635 – 655.

Ridgeway, C. L., & Berger, J. "Expectations, Legitimation, and Dominance Behavior in Task Groups." *American Sociological Review*, vol. 51, no. 5 (1986): 603 – 617.

Rodgers, R. C. , Helburn, I. B. , & Hunter, J. E. "The Relationship of Seniority to Job Performance Following Reinstatement. " *Academy of Management Journal*, vol. 29 , no. 1 (1986): 101 – 114.

Romanelli, E. "The Evolution of New Organizational Forms. " *Annual Review of Sociology*, vol. 17 , no. 1 (1991): 79 – 103.

Ruef, M. , & Scott, W. R. "A multidimensional Model of Organizational Legitimacy: Hospital Survival in Changing Institutional Environments. " *Administrative Science Quarterly*, vol. 43 , no. 4 (1998): 877 – 904.

Salancik, G. R. , & Pfeffer, J. "Who Gets Power: And how They Hold on to it. " *Organizational Dynamics*, vol. 5 , no. 3 (1977): 3 – 21.

Scott, M. B. , & Lyman, S. M. "Accounts. " *American Sociological Review*, vol. 33 , no. 1 (1968): 46 – 62.

Scott, W. R. *Institutions and Organizations.* Thousand, CA: Sage, 1995.

Scott, W. R. *Organizations: Rational, National, and Open Systems* (4th Eds.). Upper Saddle River, NJ: Prentice-Hall, 1998.

Scott, W. R. *Institutions and Organizations* (2nd Eds.). Thousand Oaks, CA: Sage, 2001.

Scott, W. R. *Institutions and Organizations* (3rd Eds.). Thousand Oaks, CA: Sage, 2008.

Selznick, P. *Leadership in Administration.* New York: Harper & Row, 1957.

Seo, M. , & Creed, W. D. "Institutional Contradictions, Praxis and Institutional Change: A Dialectical Perspective. " *Acade-*

my of Management Review, vol. 27, no. 1 (2002): 222 – 247.

Sherer, P. D., & Lee, K. "Institutional Change in Large Law Firms: A Resource Dependency and Institutional Perspective. " *Academy of Management Journal*, vol. 45, no. 1 (2002): 102 – 119.

Simmons, A. J. "Justification and Legitimacy. " *Ethics*, vol. 109, no. 4 (1999): 739 – 771.

Souder, W. E. "Managing Relations between R&D and Marketing in New Product Development Projects. " *Journal of Product Innovation Management*, vol. 5, no. 1 (1988): 6 – 19.

Stinchcombe, A. L. "Social Structure and Organizations", in J. G. March, Eds. , *Handbook of Organizations*. Chicago: Rand McNally, 1965, pp. 142 – 193.

Stryker, R. "Rules, Resources and Legitimacy: Some Implications for Social Conflict Order and Change. " *American Journal of Sociology*, vol. 99, no. 4 (1994): 847 – 910.

Stryker, R. "Legitimacy Processes as Institutional Politics: Implications for Theory and Research in the Sociology of Organizations", in S. B. Bacharach & E. J. Lawler, Eds. , *Research in the Sociology of Organizations: Organizational Politics*. Greenwich, CT: JAI Press, 2000, pp. 179 – 223.

Suchman, M. C. "Managing Legitimacy: Strategic and Institutional Approach. " *Academy of Management Review*, vol. 20, no. 3 (1995): 571 – 610.

Sundaramurthy, C. , & Lewis, M. "Control and Collaboration: Paradoxes of Governance. " *Academy of Management Review*, vol. 28, no. 3 (2003): 397 – 415.

Tolbert, P. S. , & Zucker, L. G. "Institutionalization of Institutional Theory", in S. Clegg, C. Hardy & W. Nord, Eds. , *Handbook of Organizational Studies*. London: Sage, 1996, pp. 175 – 190.

Tost, L. P. "An Intergrative Model of Legitimacy Judgments. " *Academy of Management Review*, vol. 36, no. 4 (2011): 686 – 710.

Troyer, L. "Democracy in a Bureaucracy: The Legitimacy Paradox of Teamwork in Organizations", in C. Johnson, Eds. , *Legitimacy Processes in Organization: Research in the Sociology of Organizations*. New York: Elsevier, 2004, pp. 49 – 87.

Tsui, A. S. "Autonomy of Inquiry: Shaping the Future of E-merging Scientific Communities. " *Management and Organization Review*, vol. 5, no. 1 (2009): 1 – 13.

Verhoef, P. C. , & Leeflang, P. S. H. "Understanding the Marketing Department's Influence within the Firm. " *Journal of Marketing*, vol. 73, no. 3 (2009): 14 – 37.

Wagner, D. G. , & Berger, J. "Do Sociological Theories Grow?" *American Journal of Sociology*, vol. 90, no. 2 (1985): 697 – 728.

Walder, A. G. *Communist Neo-Traditionalism: Work and Authority in Chinese Industry*. Berkeley: University of California Press, 1986.

Walder, A. G. "Property Rights and Stratification in Social-ist Redistributive Economies. " *American Sociological Review*, vol. 57, no. 4 (1992): 524 – 539.

Walker, H. A. , & Zelditch, M. J. "Power, Legitimation, and the Stability of Authority: A Theoretical Research Program", in J. Berger & M. Zelditch, Eds. , *Theoretical Research Programs: Studies in the Growth of Theory*. Stanford, CA: Stanford

University Press, 1993, pp. 364 – 381.

Walder, A. G. "Markets and Inequality in Transitional E-conomies: Toward Testable Theories. " *American Journal of Sociology*, vol. 101, no. 4 (1996): 1060 – 1073.

Washington, M. , & Zajac, J. E. "Status Evolution and Competition: Theory and Evidence. " *Academy of Management Journal*, vol. 48, no. 2 (2005): 282 – 296.

Watson, R. S. *Inequality among Brothers: Class and Kinship in South China.* Cambridge: Cambridge University Press, 1985.

Weber, M. *Economy and Society.* Berkeley: University of California Press, 1978.

Weick, K. E. "The Generative Properties of Richness. " *Academy of Management Journal*, vol. 50, no. 1 (2007): 14 – 19.

Yan, D. , & Warner, M. "Foreign Investor's Choices in China: Going it alone or in Partnership?" *Human Systems Management*, vol. 21, no. 2 (2002): 137 – 150.

Yin, R. K. *Case Study Research: Design and Methods* (3rd Eds.). Thousand Oaks, CA: Sage, 2003.

Yiu, D. , Bruton, G. D. , & Lu, Y. "Understanding Business Group Performance in an Emerging Economy: Acquiring Resources and Capabilities in Order to Prosper. " *Journal of Management Studies*, vol. 42, no. 1 (2005): 183 – 206.

Zelditch, M. J, & Walker, H. A. "Legitimacy and the Stability of Authority", in E. J. Lawler (Eds.), *Advances in Group Process.* Greenwich, CT: JAI Press, 1984, pp. 1 – 25.

Zelditch, M. J, & Walker, H. A. "The Legitimacy of Regimes", in E. J. Lawler (Eds.), *Advances in Group Process.*

Greenwich, CT: JAI Press, 2003, pp. 217 – 249.

Zelditch, M. J. "Theories of Legitimacy", in J. T. Jost & B. Mayor, Eds. , *The Psychology of Legitimacy.* Cambridge: Cambridge University Press, 2001, pp. 33 – 53.

Zelditch, M. J. "Institutional Effects on the Stability of Organizational Authority", in C. Johnson, Eds. , *Legitimacy Processes in Organization: Research in the Sociology of Organizations.* New York: Elsevier, 2004, pp. 25 – 48.

Zhao, W. , & Zhou, X. "Chinese Organizations in Transition: Changing Promotion Patterns in the Reform Era. " *Organization Science,* vol. 15, no. 2 (2004): 181 – 199.

Zimmerman, M. A. , & Zeitz, G. J. "Beyond Survival: Achieving New Venture Growth by Building Legitimacy. " *Academy of Management Review,* vol. 27, no. 3 (2002): 414 – 431.

Zucker, L. G. "The Role of Institutionalization in Cultural Persistence. " *American Sociological Review,* vol. 42, no. 5 (1977): 726 – 743.

Zucker, L. G. "Institutional Theories of Organization. " *Annual Review of Sociology,* vol. 13 (1987): 443 – 464.

附录 A　正当性理论年表

正当性理论年表（423B. C. −1998）

年份	作者	著作
423 B. C.	Thucydides	伯罗奔尼撒战争史（*History of the Peloponnesian War*）
390 B. C.	Plato	理想国（*The Republic*）
335 ~ 323 B. C.	Aristotle	政治学（*Politics*） 尼各马科伦理学（*Nicomachean Ethics*）
1517	Machiavelli, N.	论托蒂·李维《罗马史》的最初十年（*Discourse on the First Ten Books of Titus Livius*）
1532	Machiavelli, N.	君主论（*The Prince*）
1690	Locke, J.	政府论（*Two Treatises of Government*）
1762	Rousseau, J.	社会契约论（*The Social Contract*）
1845 ~ 1847	Marx, K., & Eengls, F.	德意志意识形态（*The German Ideology*）
1918	Weber, M.	经济与社会（*Economy and Society*）
1940	Mills, C. W.	情景行动与动机词汇（*Situated Actions and Vocabularies of Motive*）
1947	Gramsci, A.	狱中书简（*Selections from the Prison Notebooks*）

续表

年份	作者	著作
1958	Austin, J. L.	为辩解进一言 (*A Plea for Excuses*)
	Parsons, T.	权威、正当化和政治行动 (*Authority, Legitimation, and Political Action*)
1959	French, J. R. P., & Raven, B.	社会权利的基础 (*The Bases of Social Power*)
	Lipset, S. M.	民主的社会要素：经济发展与政治正当性 (*Some Social Requisites of Democracy: Economic Development and Political Legitimacy*)
1961	Homans, G. C.	社会行为及其基本形式 (*Social Behavior: Its Elementary Forms*)
1963	Adams, J. S.	走向不平等的理解 (*Towards an Understanding of Inequity*)
	Blau, P.	韦伯正当性理论的批判性评论 (*Critical Remarks on Weber's Theory of Legitimacy*)
1965	Easton, D. A.	政治生活的系统分析 (*A Systems Analysis of Political Life*)
1967	Berger, P., & Luckmann, T.	真实的社会建构 (*The Social Construction of Reality*)
1968	Scott, M. B., & Lyman, S. M.	陈述 (*Accounts*)
	Stinchcombe, A.	构建社会理论 (*Constructing Social Theories*)
1972	Berger, J., Zelditch, M., Cohen, B. P., & Anderson, B.	分配正义的结构方面：一个地位价值形成 (*Structural Aspects of Distributive Justice: A Status Value Formation*)
1975	Dornbush, S. M., & Scott, W. R.	评价与权威的行使 (*Evaluation and the Exercise of Authority*)
	Gamson, W. A.	社会抗议策略 (*The Strategy of Social Protest*)
	Habermas, J.	正当化危机 (*Legitimation Crisis*)

年份	作者	著作
1977	McCarthy, J. D., & Zald, M. N.	资源动员和社会运动：一个局部理论（*Resource Mobilization and Social Movements：A Partial Theory*）
	Meyer, J. W., & Rowan, B.	制度化组织：作为神话和仪式的正式结构（*Institutionalized Organizations：Formal Structure as Myth and Ceremony*）
1978	Linz, J.	危机、破裂与重新平衡（*Crisis, Breakdown, and Re-equilibration*）
	Walster, E., Walster, G. W., & Berscheid, E.	公平：理论与研究（*Equity：Theory and Research*）
1979	Meyer, J. W., & Hannan, M.	国家发展和世界体系：教育，经济，和政治变革，1950 ~ 1970（*National Development and the World System：Educational, Economic, and Political Change, 1950 – 1970*）
1980	Lerner, M. J.	公正世界中的信念：一个基本错觉（*The Belief in a Just World：A Fundamental Delusion*）
1984	Zelditch, M., & Walker, H.	正当性与权威的稳定性（*Legitimacy and the Stability of Authority*）
1986	Ridgeway, C., & Berger, J.	任务群体里的期望、正当化和支配行为（*Expectations, Legitimation, and Dominance Behavior in Task Groups*）
1994	Jost, J. T., & Banaji, M. R.	惯例化在系统证成中的作用以及虚假意识的生产（*The Role of Stereotyping in System-Justification and Production of False Consciousness*）
1996	Sewell, W. H.	作为结构转型的历史事件：在巴士底创造革命（*Historical Events as Transformations of Structures：Inventing Revolution at the Bastille*）

续表

年份	作者	著作
1998	Berger, J., Ridge-way, C., Fisek, M. H., & Norman, R. Z.	权力和特权秩序的正当化与去正当化 (*The Legitimation and Delegitimation of Power and Prestige Orders*)
	Zelditch, M., & Floyd, A. S.	共识、歧见和证成性 (*Consensus, Dissensus, and Justification*)

来源: Zelditch, M. 2001. Theories of Legitimacy. In John. T. Jost & Brenda. Mayor (Eds), *The Psychology of Legitimacy*: 3 – 30. Cambridge: Cambridge University Press.

附录 B 访谈提纲

访谈文件编号：

本次访谈基本信息

采访者		被访者	
访谈时间		访谈地点	
被访者是如何加入本次研究的？			

企业详细信息

企业名称			
企业地址			
企业主要经营业务			
企业创建时间		员工人数	

被访者详细信息

姓名		估计年龄	
工作地址		司龄或任职时间	
联系方式			
企业的亲属关系			

话题 1 关于职能部门负责人

本话题尝试了解人们走上职能部门管理岗位原因，并找出对经理人而言相对比较重要的人际关系。

（1）你是怎样走到现在的岗位的？采访者可能会追问：在这个过程中有什么关键时间或关键人物起到了促进作用。

（2）你觉得自己应该对谁负责？包括物质和精神两方面的责任（可给予提示）。遇到困难你会找谁帮忙？采访者可能会追问：最近你向哪些人或机构求助过？

（3）你在公司里有哪些私人关系或亲缘关系？采访者可能会追问：平时你都会参加哪些"圈子"的活动，这些私人关系对工作有什么影响？

话题 2 职能部门的过去和现在

本话题研究被访者所在职能部门的历史沿革和功能变迁情况。

（4）所在职能部门是怎么发展过来的？在不同的发展阶段都有什么特点？采访者可能会追问：在这个发展过程中有无什么关键事件或关键人物起作用？

（5）目前职能部门的组织架构和功能职责是怎样的？采访者可能追问：公司对你们部门的角色定位是什么？目前公司一把手对你们有何具体要求？

（6）你们部门员工之间关系怎样？采访者可以追问：部门之间平时都有哪些集体活动？效果如何？

话题 3 职能部门的地位

本话题研究被访者所在职能部门在组织中的地位以及影响因素。

（7）所在职能部门在组织中的地位怎样？采访者可能会追问：你是根据什么判断部门地位高低的？有何衡量标准？不同地位的部门有哪些表现（识别特征）？（专业化程度、战略权变、人员学历、领导者因素）

（8）哪些因素会提升所在职能部门目前的地位？采访者

可能追问：在这些因素中，哪三项最重要？请举例说明。

（9）哪些因素会动摇所在职能部门目前的地位？采访者可能追问：在这些因素中，哪三项影响最大？请举例说明。

话题4 部门地位的演化

本话题试图了解职能部门地位的变化情况。

（10）你们公司部门之间的关系怎么样？你们部门跟其他部门在哪些方面有竞争关系，在哪些方面会合作？包括直线部门和职能部门（可以提示）。采访者可能追问：描述一件近期部门之间竞争的事件。

（11）当与其他部门竞争时，一般都会采取哪些竞争手段？采访者可能追问：部门之间产生竞争纠纷时，上级管理人员会如何反应？

话题5 职能部门地位与工作绩效

本话题研究被访者所在职能部门地位对其工作绩效的影响。

（12）所在职能部门的工作做得怎样？采访者可能会追问：你根据什么判断部门工作完成情况？有何衡量标准？

（13）所在部门地位与工作完成之间有什么关系？采访者可能追问：它们之间有其他因素起桥梁作用吗？请举例说明。

后　记

　　1978 年以来，国企改革一直是中国改革议程上的焦点话题。说来有些吊诡，从 20 世纪 50 年代中期到 70 年代末的中国计划经济体制建设仅二十多年，但从计划经济体制到市场经济体制的改革竟然花了近四十年，且依然只是处于全面深化改革的规划中。这是较少有人关注的两大中国发展谜团之一——"中国改革之谜"：国有企业为什么改不动？中国改革为什么如此艰难？

　　本书对国有企业部门地位所体现的"兄弟并不平等"这一独特组织现象的案例研究可以为这一谜团提供一些初步的探索和思考，因为"兄弟并不平等"的背后是国有企业内部盘根错节的部门地位结构和利益格局。这个部门地位结构体现了中国经济体制所固有的刚性逻辑——泛政治化的社会控制。在中国，国企改革从来就不是单纯的经济问题，每一项国企改革政策或管理措施的出台都有着深刻复杂的社会和政治考量，这也是中国计划经济体制所留下的，同时也最为坚固的制度遗产——经济问题的泛政治化管理。

　　本书在笔者博士论文基础上修改而成。在四年的博士研究期间，我得到了两位导师的悉心指导和大力帮助。高俊山教授在论文的选题方向和框架结构上提供了非常有价值的判断和交流。高老师给予我充分的信任和自由空间，多次支持我参加国内外学术会议，向国内外学界同行学习，为我的学术生涯奠定了坚实的基础。作为联合导师，吕源教授在数据分析、理论构建和结论形成上都提出了系统而中肯的意见。吕老师与我亦师亦友，通过无数次的漫谈式讨论，向我提供了很多对组织理论、对国有企业问题的深刻洞见。在研究过程中，我得到了无数前辈老师和同辈朋友的帮助，对他们满怀感激之情，这里就不一一道谢了。

这里，我要特别感谢的是参与本书研究的 11 位主要受访者。如果没有他们的积极参与和热情配合，此项研究的进行将是无法想象的。在研究中，他们出于对我的信任和支持，慷慨分享他们所在组织的地位故事和个人感受，让我既万分感激又非常感动。遗憾的是，出于研究伦理，这里不能一一列出他们的名字，但他们交谈时的神态却不时浮现在我的眼前。

这次修订出版重点在于做减法，修改过于晦涩的学术语言，同时进行文字上的修饰润色。本次修订得到了我在内蒙古大学所带本科生的大力支持，苏晓燕、王蕾、王龙和赵文四位同学进行了认真的通读校对，在此谢过。

"文章千古事，得失寸心知"，本书的遗憾和不足我了然于胸，但是"丑媳妇总要见公婆"，希望以后有机会能够进一步完善和丰富。因此，期待各位读者对本书提出有建设性的学术批评。

图书在版编目(CIP)数据

兄弟并不平等：国有企业部门地位的正当性研究/彭长桂著.
—北京：社会科学文献出版社，2016.4
ISBN 978 - 7 - 5097 - 9008 - 3

Ⅰ.①兄…　Ⅱ.①彭…　Ⅲ.①国有企业 - 社会地位 - 研究 - 中
国　Ⅳ.①F279.241

中国版本图书馆 CIP 数据核字（2016）第 065652 号

兄弟并不平等
—— 国有企业部门地位的正当性研究

著　　者 / 彭长桂

出 版 人 / 谢寿光
项目统筹 / 谢蕊芬
责任编辑 / 孙　瑜　刘德顺

出　　版 / 社会科学文献出版社 · 社会学编辑部（010）59367159
　　　　　　地址：北京市北三环中路甲 29 号院华龙大厦　邮编：100029
　　　　　　网址：www.ssap.com.cn
发　　行 / 市场营销中心（010）59367081　59367018
印　　装 / 三河市尚艺印装有限公司

规　　格 / 开　本：787mm × 1092mm　1/16
　　　　　　印　张：12.25　字　数：152 千字
版　　次 / 2016 年 4 月第 1 版　2016 年 4 月第 1 次印刷
书　　号 / ISBN 978 - 7 - 5097 - 9008 - 3
定　　价 / 49.00 元